Dr. med. Matthias Riedl | Dr. med. Anne Fleck | Dr. med. Jörn Klasen

Die Ernährungs Docs

Diabetes heilen

Wie Sie mit der richtigen Ernährung Diabetes Typ 2 heilen und Typ 1 verbessern können

Mit Texten von Britta Probol und Franziska Pfeiffer

INHALT

Die Symbole bei den Rezepten

- Vegan
- Gut zum Mitnehmen
- Vegetarisch
- Gut vorzubereiten
- Schnell
- Für Gäste

Diabetes Typ 2 ist heilbar!

Dieses Buch soll dazu beitragen, Typ-2-Diabetiker zu heilen, Typ-1-Erkrankte besser einzustellen und Menschen vor der Zuckerkrankheit zu bewahren. Jahrzehntelang galt Heilung oder Verbesserung als unmöglich – doch das hat sich geändert! Neueste Medikamente und die richtige Ernährung haben die Diabetes-Therapie revolutioniert. Leider wird das in deutschen Praxen noch zu wenig umgesetzt. Eigeninitiative ist gefragt.

Mehr als sechs Millionen Deutsche leiden an Diabetes, mit steigender Tendenz. Früher bedeutete diese Diagnose: lebenslang Tabletten nehmen, für viele sogar Insulin spritzen. Ein Teufelskreis, denn Insulin macht dick und die Gewichtszunahme führt zu einem höheren Insulinbedarf. Heute ist die moderne Medizin weiter. Zahlreiche Studien belegen: Diabetes Typ 2 ist tatsächlich heilbar. Immer mehr Patienten erfahren das sprichwörtlich am eigenen Leib. Was bis vor Kurzem nur vermutet werden konnte, hat sich inzwischen bestätigt. Damit Sie noch mehr davon profitieren können, haben wir dieses Buch neu aufgelegt.

Sehr gute Nachrichten gibt es vor allem für Typ-2-Diabetiker: Es sind neue Medikamente auf dem Markt, die eher schlank als dick machen. Bewegung und das richtige Essen haben sich als wichtigste Eckpfeiler der Behandlung erwiesen. Ziel ist in der Regel eine Gewichtsreduktion, um so die natürliche Insulinproduktion wieder anzukurbeln. Auch Typ-1-Diabetikern kann die Ernährung helfen, starke Blutzuckerschwankungen zu vermeiden und hohe Insulindosen zu reduzieren. Die Menschen glauben an die heilende Wirkung des Essens – das hat uns der große Erfolg unserer Sendung „Die Ernährungs-Docs“ im NDR Fernsehen gezeigt. Allerdings ist die Ernährungsmedizin in Deutschland erst noch im Kommen, nur wenige Krankenkassen unterstützen sie. Viele Diabetes-Praxen setzen leider noch immer auf das dick machende Insulin. Deshalb muss sich jeder Diabetiker um sich selbst kümmern. Unser Buch gibt Ihnen das Rüstzeug dazu an die Hand. Es ersetzt zwar nicht den Arzt, aber Sie können mit dem Kochlöffel gegen den Diabetes aktiv werden.

Im ersten Teil geht es um Basiswissen zum Thema Diabetes: um die Ursachen und die zeitgemäße Behandlung der Krankheit und insbesondere darum, welche Lebensmittel geeignet sind und welche nicht. Warum zum Beispiel sind Kohlenhydrate nicht grundsätzlich schlecht? Im Grunde gelten heute für Diabetiker dieselben Ernährungsempfehlungen wie für Gesunde: eine ausgewogene Vollkost mit viel Gemüse und Vollkorn. Außerdem kommen den gesunden Fetten und ganz besonders dem Eiweiß eine zentrale Bedeutung zu. In der zweiten Hälfte des Buches gibt es über 60 Rezepte für alltagstaugliche Gerichte, die nicht nur guttun, sondern auch gut schmecken. Denn der Genuss ist wichtig!

Einen gesunden Appetit und gute Genesung wünschen

BASISWISSEN DIABETES

Die Diagnose Diabetes muss heutzutage nicht mehr Verzicht und Einschränkung bedeuten. Dank moderner Therapieansätze haben Sie als Diabetiker zum ersten Mal die Chance, Ihre Krankheit in den Griff zu bekommen – und dabei genussvoll zu leben! Erfahren Sie mehr über die Ursachen und darüber, wie heute eine optimale Behandlung aussehen sollte.

Diabetes-Therapie: Seien Sie bereit für die Revolution

„Sie haben Zucker“: Die Diagnose ist für viele kein unabänderliches Schicksal mehr. Besonders in den vergangenen zwei Jahrzehnten hat die Diabetes-Forschung entscheidende Fortschritte gemacht. Sie hat gezeigt, wie stark Ernährung und Lebensstil den individuellen Krankheitsverlauf beeinflussen. Jeder kann selbst etwas für sich tun!

Welche neuen Chancen bieten sich Diabetikern heutzutage?

Dr. Riedl: Jahrzehntelang galt als ausgemacht: Wer Diabetes hat, muss früher oder später Insulin spritzen oder zumindest lebenslang Tabletten schlucken, um Folgeschäden zu vermeiden. Doch das stimmt nicht mehr: Mit dem Wissen von heute besteht bei Diabetes Typ 2 die reelle Chance auf eine Heilung! Und es ist nie zu spät, die Uhr zurückzudrehen: von Insulin auf weniger Insulin oder Tabletten, von drei Tabletten auf eine oder keine – für Jahre oder Jahrzehnte. Jetzt sind die Weichen für einen historischen Umbruch gestellt. Die Erfolgsformel lautet: neuartige Medikamente plus Ernährungstherapie.

Dr. Fleck: Eine individuell abgestimmte Behandlung gibt uns in Kombination mit bewusster Ernährung und einer Bewegungstherapie die realistische Chance, Insulin wieder „auszuschleichen“ und langfristig Medikamente, die zuvor notwendig waren, einzusparen. „Einmal Insulin, immer Insulin“ ist für viele Typ-2-Diabetiker Geschichte.

Können wir inzwischen ganz auf Insulin und andere Medikamente verzichten?

Dr. Klasen: Diabetes Typ 1 ist als Autoimmunkrankheit nach wie vor nicht heilbar, Betroffene sind auf das Insulin angewiesen. Aber bei Diabetes Typ 2 bildet sich unter der richtigen Therapie oft die Insulinresistenz zurück, die Bauchspeicheldrüse schüttet genug Hormone aus und der Körper reguliert den Blutzuckerspiegel wieder von allein. Ein Großteil der Typ-2-Diabetiker kann das schaffen, wenn rechtzeitig mit der Ernährungstherapie begonnen wird. Grundsätzlich hilft bewusste Ernährung, die Eigenregulation des Körpers länger zu erhalten, was sich in mehr Jahren mit perfekter Blutzuckereinstellung bemerkbar macht. Also mehr Gesundheit, weniger Folgeschäden.

Dr. Riedl: In Österreich wird, umgerechnet auf die Betroffenen, nur halb so viel Insulin verordnet wie in Deutschland. Hier werfen wir die Flinte häufig zu früh ins Korn. Insulin ist ein Segen, wenn es denn sein muss – doch es macht auch dick! Mit Insulin abzunehmen, ist wie Segeln gegen den Wind: möglich, aber total schwierig.

Seit Kurzem geben uns neuartige Medikamente hingegen Rückenwind: Wir haben jetzt einige hervorragende Substanzen, die sich günstig auf das Gewicht auswirken. Gepaart mit der Ernährungstherapie und Bewegung, kann damit etwas gelingen, was sonst nur operative Magenverkleinerungen geschafft haben: den Diabetes wieder zurückzudrängen.

Inwiefern spielen Ernährung und Gewicht eine Rolle?

Dr. Riedl: Wenn Ernährung die Ursache für Diabetes ist, dann ist sie auch der Schlüssel für die Therapie! Abnehmen, besonders im Bauchbereich, ist ein Turbomittel gegen Typ-2-Diabetes. Wenn man das Gewicht um fünf Prozent reduziert, steigt die Wirkung des Insulins um 25 Prozent.

Dr. Klasen: Das Gefährliche für Diabetiker sind besonders die Herz-Kreislauf-Erkrankungen. Typische Diabetes-Begleitkrankheiten wie Bluthochdruck, erhöhte Blutfettwerte oder erhöhte Harnsäurespiegel werden durch eine Reduzierung des Bauchfetts gleichermaßen positiv beeinflusst. Man bessert also mit einer Maßnahme, dem Abnehmen, gleich mindestens vier Erkrankungen, die alle in Herzinfarkt und Schlaganfall münden können.

Dr. Fleck: Das Dramatische ist: Frühere Ernährungsempfehlungen haben die weltweite Diabetes-Epidemie eher verschlimmert. Noch heute bekommen Diabetiker nicht selten Ratschläge zu hören, die nicht mehr Stand der modernen Medizin sind – etwa ganz fettarm zu essen. Schädlich sind aber vor allem zu viele und die falschen Kohlenhydrate.

Wie sieht heute eine richtige Ernährung bei Typ-2-Diabetes aus?

Dr. Riedl: Was wir brauchen, ist eine bedarfsgerechte Ernährung für den Jäger und Sammler, der nicht mehr jagt. Kohlenhydrate also nur je nach persönlichem Energiebedarf, dazu die richtige Menge Eiweiß – und mehr gesundes Fett.

Dr. Klasen: Die *eine* Diabetes-Diät für alle gibt es nicht. Stattdessen setzen wir auf Variationen der individuellen Vorlieben und persönlichen Gewohnheiten. Denn bei der Ernährungstherapie steht die Lebensqualität an erster Stelle. Das ist ganz wichtig, damit wir auch durchhalten. Wir essen ja nicht nur zum Sattwerden, sondern auch zum Genuss. Und: Hand in Hand gehen muss die Ernährungsumstellung unbedingt mit einem aktiveren Lebensstil. Also heißt es ab sofort: runter vom Sofa, rauf aufs Fahrrad oder hinein in die Wanderstiefel.

Dr. Fleck: Häufig sind es die kleinen Rituale, die Gesundheit schaffen oder der Gesundheit schaden. Der Langzeitblutzucker verbessert sich schon durch wenige Veränderungen! Wer täglich über Jahrzehnte viel Brot und viel zu große Mengen an Obst isst, lebt nur vermeintlich gesund. Ein sinnvoller Ansatz ist, Kohlenhydrate schon morgens einzusparen – das gelingt zum Beispiel mit einem Quark-Öl-Frühstück wie dem fruchtigen Frühstücksquark (siehe Seite 64).

Lohnt sich eine bewusste Ernährung auch für Typ-1-Diabetiker?

Dr. Klasen: Auf jeden Fall. Mit der Ernährung und ausreichend Bewegung können wir Blutzuckerverläufe „glätten“, also Unterzuckerungen ebenso vermeiden wie heftige Blutzuckerspitzen. Das schafft mehr Wohlbefinden und Sicherheit. Zudem ist insulinbedingtes Übergewicht auch für Typ-1-Diabetiker ein Thema.

Dr. Fleck: Absolut! Veränderungen des Lebensstils spielen immer eine Rolle. Wenn es um unsere Gesundheit geht, bringen sie nachweislich den entscheidenden Erfolg.

Dr. Klasen, Dr. Fleck und Dr. Riedl wissen Rat.

Ein Stoffwechseldefekt mit verschiedenen Ursachen

Wer hat heutzutage nicht einen oder mehrere Diabetiker im Bekanntenkreis? Diabetes Typ 2 zählt zu den Wohlstandskrankheiten, die seit dem Zweiten Weltkrieg stark zugenommen haben. Etwa jeder fünfte Deutsche trägt die Veranlagung dafür in sich. Weit seltener ist Diabetes Typ 1, der aber auch ganz andere Ursachen hat.

Aufgefallen ist es schon vor Tausenden Jahren in Indien: Manche Menschen mussten oft Wasser lassen und der Harn schmeckte bei ihnen süßlich. Auch im antiken Griechenland konstatierten Ärzte dieses Phänomen. „Honigsüßer Durchfluss“ nannten sie es auf Griechisch – Diabetes mellitus. So kam die Krankheit zu ihrem Namen.

Heutzutage werden in Deutschland jedes Jahr knapp 300 000 Patienten neu mit der Diagnose „Diabetes mellitus Typ 2“ konfrontiert. Früher sagte man dazu „Altersdiabetes“, weil er sich meist bei Erwachsenen in der zweiten Lebenshälfte entwickelt. Aber die Patienten werden immer jünger, manchmal trifft es schon Kinder (siehe Seite 36/37). Fast neun Prozent der Menschen hierzulande sind nach aktuellen Zahlen wegen des chronischen Stoffwechseldefekts in Behandlung. Die Dunkelziffer liegt noch weit höher. Da sich Typ-2-Diabetes schleichend entwickelt, ahnt manch einer gar nichts von seiner Erkrankung. Vor allem zwischen 55 und 74 Jahren sind viele unerkannt zuckerkrank. Fachleute sprechen schon von einer Epidemie. Und die greift weltweit in gleichem Maße um sich, wie der Wohlstand wächst.

Die Ernährungs-Docs

Gegen Typ-1-Diabetes ist bisher kein Kraut gewachsen – trotzdem lohnt sich eine bewusste Ernährung! Eine nährstoffoptimierte Kost (siehe ab Seite 38) kann nachweislich Blutzuckerverläufe „glätten“ und das Gewicht stabilisieren – und sie hilft damit, Folge- und Begleitkrankheiten zu vermeiden.

Typ 1: keine Insulinproduktion

Nur jeder Zwanzigste der mehr als sechs Millionen Diabetiker in Deutschland hat einen Diabetes mellitus Typ 1. Diese Form tritt häufig schon in der Kindheit oder Jugend auf. Auch hier steigt die Zahl der jüngeren Betroffenen seit einigen Jahren leicht an. Ursache für den Typ-1-Diabetes ist eine Autoimmunerkrankung: Das Immunsystem zerstört dabei die Zellen der Bauchspeicheldrüse, die Insulin produzieren (siehe Seite 14). Ohne dieses Hormon funktioniert der Blutzuckerstoffwechsel jedoch nicht. Typ-1-Diabetiker müssen sich deshalb lebenslang Insulin zuführen.

Typ 2: zuerst Insulinresistenz

Beim Typ-2-Diabetes liegen die erhöhten Blutzuckerwerte hingegen in der Regel an einer sogenannten Insulinresistenz (siehe Kasten rechts): Die Bauchspeicheldrüse ist zumindest zu Beginn sehr wohl einsatzfähig, ja, sie produziert sogar enorm große Mengen Insulin. Weil die Körperzellen aber durch ein ständiges Überangebot unempfindlich (resistent) gegen das Hormon geworden sind, kommt der „Brennstoff“ Zucker nicht dort an, wo er gebraucht wird: in der Zelle. Insulinresistenz ist ein wahrer Teufelskreis: Die Zellen nehmen nicht genug Zucker aus dem Blut auf, der Blut-

Insulinresistenz

Insulin können wir uns wie einen Schlüssel vorstellen, der dem Blutzucker die Zellen aufschließt. Ist ein Riesenangebot an Zucker (Glukose, siehe ab Seite 42) vorhanden, läuft sozusagen die Schlüsselproduktion in der Bauchspeicheldrüse auf Hochtouren. Irgendwann reagieren die Zellen bei der Insulinflut auf den Schlüssel aber nicht mehr richtig – wie ein Schloss, das abgenutzt ist. Die Bauchspeicheldrüse schraubt dann die Insulinproduktion noch weiter hoch, aber mehr Schlüssel helfen am kaputten Schloss auch nicht viel. Stattdessen müsste eigentlich die Energiezufuhr, also der Zucker im Blut, gedrosselt werden, damit der Körper per Reparaturvorgang Schlüssel und Schloss wieder richtig aufeinander anpassen kann.

zuckerspiegel sinkt nicht mehr richtig, die Bauchspeicheldrüse bekommt daher die Meldung „Bitte mehr Insulin!" und tut, was sie kann. Dummerweise fördert Insulin aber auch den Aufbau von Körperfett und vermehrte Fetteinlagerung begünstigt wiederum die Insulinresistenz (siehe Seite 15). Nach jahrelanger Überlastung kann es passieren, dass die insulinproduzierenden Zellen in der Bauchspeicheldrüse erschöpft ihren Dienst einstellen – eine Art Burn-out des Stoffwechselsystems.

Typ-2-Diabetes beginnt schleichend

Haben Sie sich in letzter Zeit häufig müde und schlapp gefühlt? Oft schiebt man das einfach auf den stressigen Alltag oder auf Schlafprobleme. Unwohlsein und Schlappheit können aber frühe Warnzeichen dafür sein, dass mit dem Zuckerstoffwechsel etwas im Argen liegt: Man fühlt sich erschöpft, weil die aufgenommene Nahrungsenergie nicht in den Muskel- und Gehirnzellen ankommt.

Eindeutige Diabetes-Anzeichen treten hinzu, wenn der Blutzuckerspiegel stark erhöht und die sogenannte Nierenschwelle erreicht ist: Jetzt verliert der Körper über den Urin Zucker und scheidet mehr Wasser aus, als er aufnehmen kann. Die Konsequenz: ständiger Durst und häufiges Wasserlassen, auch nachts.
Diese typischen Symptome setzen bei Typ-1-Diabetes oft relativ abrupt ein. Bei Typ 2 hat die Stoffwechselstörung allerdings häufig etliche Jahre bestanden, ehe es so weit kommt, sodass mitunter die ersten Folgeschäden eingetreten sind.

Auf einen Blick: Diabetes-Symptome

- Müdigkeit, Kraftlosigkeit
- Sehstörungen
- Unwohlsein bis hin zu Erbrechen
- Gewichtsabnahme (extrem und rapide bei Typ 1, selten bei Typ 2)
- Harndrang und ständiges Durstgefühl (erst bei stark erhöhten Blutzuckerwerten)
- Infektneigung, v. a. Harnwegs- und Genitalinfekte
- trockene Haut, Juckreiz
- Wadenkrämpfe oder Bauchschmerzen (selten bei Typ 2)

Wer viel Durst hat, sollte den Arzt darauf hinweisen.

Diagnose Diabetes – was jetzt?

Was viele verunsichert, sind die möglichen Spätfolgen bei Diabetes: Schäden an Nerven oder Blutgefäßen, die die Lebenserwartung mindern oder möglicherweise das Augenlicht kosten. Mit dem Wissen von heute können Sie aber effektiv gegensteuern und sich eine gute Lebensqualität erhalten.

Ein unbehandelter oder schlecht eingestellter Diabetes belastet den Körper erheblich durch die starken Blutzuckerschwankungen. Der erhöhte Blutzucker wirkt quasi toxisch auf Nerven und Gefäße. Deshalb ist es wichtig, dass Sie so bald wie möglich aktiv werden. Es lohnt sich, das Ruder herumzureißen!

Ob und wie stark Sie mit Folgeschäden der Erkrankung zu kämpfen haben werden, hängt von mehreren Faktoren ab. Zum einen ist die persönliche Empfindlichkeit verschieden: Bei manchen Menschen zeigen sich auch nach 20 Jahren Diabetes keine Schäden an der Netzhaut, den Nieren oder anderen Organen – sie sind einfach robust veranlagt.

Spätfolgen von Diabetes

Diabetes führt häufig zu Ablagerungen und Veränderungen in den Blutgefäßen (Arteriosklerose) und Nervenbahnen (Neuropathie). Diese begünstigen wiederum Erkrankungen wie

- koronare Herzkrankheit, Schaufensterkrankheit (PAVK), Herzinfarkt
- Netzhautschäden, Sehverschlechterung, Erblindung
- Schlaganfall
- diabetisches Fußsyndrom (schlecht heilende Wunden an Beinen und Füßen)
- Nierenleiden, Blasenschwäche
- Infektanfälligkeit
- verminderte Fruchtbarkeit bei Frauen, Potenzstörungen bei Männern
- psychische Veränderungen wie Depressionen

Vorsorge ist wichtig!

Zum anderen hat jeder Einzelne den Verlauf dieser Krankheit zu einem guten Teil selbst in der Hand. Mit Änderungen des Lebensstils können Sie Ihr Risiko für Spätfolgen erheblich eindämmen! Aktivität und bewusste Ernährung sind dabei Ihre Trümpfe. Kombinieren Sie sie mit fachkundiger Versorgung, dann erwartet Sie auch als Diabetiker ein Leben ohne größere Einschränkungen. Nach der Diagnose Diabetes vertrauen Sie sich am besten einem spezialisierten Arzt an oder suchen eine diabetologische Schwerpunktpraxis auf (siehe Anhang). Je früher eine optimale Behandlung beginnt, desto besser sind die langfristigen Chancen für Ihre Gesundheit! Schon bei Prädiabetes steigt das Risiko für Arterienverkalkung drastisch an.

Die Ernährungs-Docs

Kennen Sie den Diabetiker Gesundheitspass? In das blaue Heftchen trägt Ihr Arzt Untersuchungsergebnisse ein. So sind Sie immer über Ihren „Zucker" im Bilde und haben Ihre Behandlungsgeschichte auch auf Reisen oder bei einem Arztwechsel parat. Den Pass bekommen Sie vom Arzt, bei der Diabetes-Schulung, von Ihrer Krankenkasse – oder Sie laden ihn sich unter www.diabetesde.org herunter.

Moderne Therapie statt Rollstuhl

Weil Ralf B. seine Diabetes-Krankheit ignorierte, wurde es immer schlimmer. Der Marketingleiter nahm zu – bis seine Gelenke kapitulierten und seine berufliche Position auf dem Spiel stand. Nur mit einer konsequenten Ernährungsumstellung konnte er sich selbst aus dem Rollstuhl retten.

Für Ralf B., 55 Jahre, war Diabetes immer eine Last. Nie konnte er sich an das Leben mit der Stoffwechselstörung gewöhnen. Tabletten, Blutzuckermessung und später dann das Spritzen – alles war so anstrengend, am liebsten hätte er die Krankheit einfach ausgeblendet. Der Leiter einer Marketingabteilung fand genug Vorwände, die Behandlung schleifen zu lassen.

Kein Wunder also, dass seine Blutzuckereinstellung über zwei Jahrzehnte hinweg schlecht war – und dass Ralf B. zunahm. Durch unregelmäßige und uneffektive Insulindosierung kam ein Pölsterchen zum anderen. Erst fünf Kilo Übergewicht, dann zehn, bald waren es 50. Nach einigen Jahren kapitulierten die Gelenke unter der Belastung, Ralf B. schaffte es nur noch mit Gehstöcken in sein Büro. Als seine Waage knapp 150 Kilo Körpergewicht zeigte, brauchte Ralf B. die meiste Zeit des Tages einen Rollstuhl.

Er trug nun fast doppelt so viel Gewicht mit sich herum wie zu Beginn seiner Erkrankung, seine Insulindosierung war bei 200 Einheiten angelangt. Durch sein Gewicht konnte er unter anderem auswärtige Termine nicht mehr wahrnehmen, seine Position als Abteilungsleiter stand infrage.

Erst jetzt setzte sich Ralf B. intensiv mit seinem Diabetes und der Gewichtszunahme auseinander. Er fand Hilfe bei einem Team aus Diabetologen, Diabetes- und Ernährungsberatern, führte mehrstündige Gespräche. Und er verstand, was ihn in die Behinderung getrieben hatte: die mangelnde Annahme seiner Erkrankung. Sie war Grund für die schlechte Einstellung, dadurch die Gewichtszunahme und die Steigerung der Insulindosis.

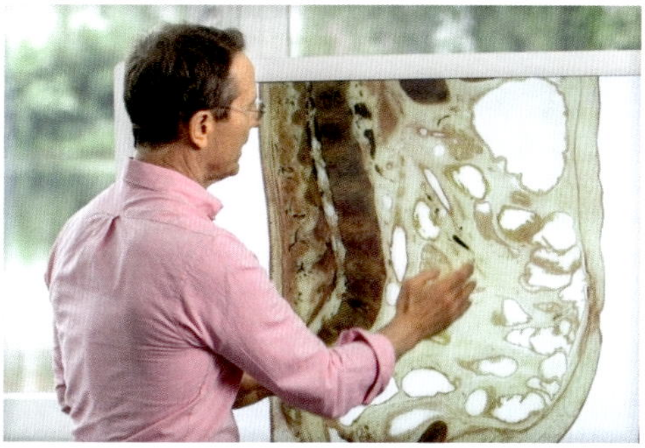

Ernährungs-Doc Matthias Riedl erklärt, wie schlechte Ernährung auf den Körper wirkt.

Ralf B. willigte ein in ein neues Therapiekonzept: Schluss mit dem Mahlzeiteninsulin – stattdessen ein modernes Medikament, das den Appetit zügelt und zugleich die Bauchspeicheldrüse aktiviert (sogenanntes GLP-Analogon, siehe Seite 30). Flankierend kamen Metformin und ein Gliflozin zum Einsatz, vorübergehend auch ein Verzögerungsinsulin am Abend. Über mehrere Wochen gab es radikal weniger Kalorien durch eine sofort eingeleitete, ärztlich überwachte Formula-Diät. Dem folgte eine Ernährungsumstellung: weniger und stattdessen komplexe Kohlenhydrate, dazu eine optimierte Eiweißversorgung.

Innerhalb von sechs Monaten verlor er 25 Kilo. Die Gewichtsabnahme verlangsamte sich anschließend, doch nach zwei Jahren wog er immerhin 50 Kilo weniger. Der Rollstuhl wurde überflüssig und auch die Diskussion um seine Arbeitsfähigkeit war beendet. Das Verzögerungsinsulin konnte schließlich abgesetzt werden – Ralf B. muss jetzt kein Insulin mehr spritzen. Und besser noch: Er hat ein völlig neues Lebensgefühl.

Zucker im Tank: Wie Insulin wirkt

Zu viel Blutzucker ist langfristig schädlich – zu wenig ist kurzfristig lebensgefährlich. Nach dem Essen steigt der Blutzuckerspiegel an. Bei Gesunden bringt körpereigenes Insulin die Werte schnell wieder in den Normbereich. Fehlt das lebenswichtige Hormon oder wirkt es nicht richtig, gerät der gesamte Stoffwechsel aus dem Gleichgewicht.

Habe ich Diabetes? Harnzuckerteststreifen aus der Apotheke liefern einen ersten Hinweis. Verlässlich sind jedoch nur die Werte aus dem Labor. Bei Verdacht auf Diabetes geht es vor dem Frühstück zur Blutabnahme.

Wie viel Blutzucker ist normal?

Der Arzt bestimmt die Zuckerkonzentration im Blutplasma. Der normale Glukosewert liegt nüchtern bei 80 bis 90 mg/dl. Nüchternblutzuckerwerte über 125 mg/dl deuten auf Diabetes, zwischen 100 und 125 mg/dl spricht man von der Vorstufe dazu (Prädiabetes). Als Diabetiker gilt man auch, wenn zu einem beliebigen Messzeitpunkt Zuckerwerte von 200 mg/dl oder darüber im Blut festgestellt werden.

Der sogenannte Langzeitblutzuckerwert gibt Auskunft über die durchschnittliche Blutzuckerkonzentration der vergangenen acht bis zwölf Wochen. Dafür wird gemessen, wie viel Glykohämoglobin ($HbA1_c$) im Blut ist. Das ist mit Glukose verbundener roter Blutfarbstoff (Hämoglobin, abgekürzt Hb) – mit der Zeit lagert sich nämlich Zucker an das Hämoglobin an. Bei Gesunden beträgt der Anteil des „verzuckerten" Hämoglobins im Blut vier bis sechs Prozent, Werte von über 6,5 sind dagegen diabetisch.

Diagnosesicherung mit Zuckertrank

Mit dem Traubenzuckerbelastungstest (oraler Glukosetoleranztest, abgekürzt oGTT) kann der Arzt überprüfen, wie effektiv Ihr Körper den Blutzucker reguliert.

Was die Bauchspeicheldrüsenhormone im Körper machen

Der Verdauungsapparat baut die mit der Nahrung aufgenommenen Kohlenhydrate ab zu Glukose (andere Namen sind Trauben- oder Blutzucker, siehe Seite 42). Alle unsere Körperzellen benötigen Glukose als Brennstoff. Über die Darmwand gelangt sie mit dem Blut zuerst zur Leber und von dort dann weiter in die anderen Körperzellen.

Die Bauchspeicheldrüse erzeugt in den Betazellen ihrer Langerhans-Inseln das Hormon Insulin. Dieser Botenstoff bewirkt, dass

1. Glukose als Brennstoff aus dem Blut in die Zellen transportiert,
2. überschüssige Glukose in Form von Glykogen sowohl in der Leber als auch in der Muskulatur gespeichert,
3. in der Leber weder Glukose neu gebildet noch freigesetzt,
4. Körperfett aufgebaut und die Fettverbrennung gestoppt wird.

In den Alphazellen bildet die Bauchspeicheldrüse daneben relativ konstant ein weiteres Hormon: das Glukagon, Gegenspieler des Insulins. Während Insulin dafür sorgt, dass Glukose verbraucht oder gespeichert wird, lässt Glukagon neue Glukose aus der Leber ins Blut sprudeln. Daher wird es bei Unterzuckerung vermehrt ausgeschüttet.

So entwickelt sich Diabetes

Mit fortschreitender Insulinresistenz steigt der Nüchternblutzucker allmählich an – über 125 mg/dl (7,0 mmol/dl) gilt man als Diabetiker. Die zunächst erhöhte Insulinausschüttung sinkt.

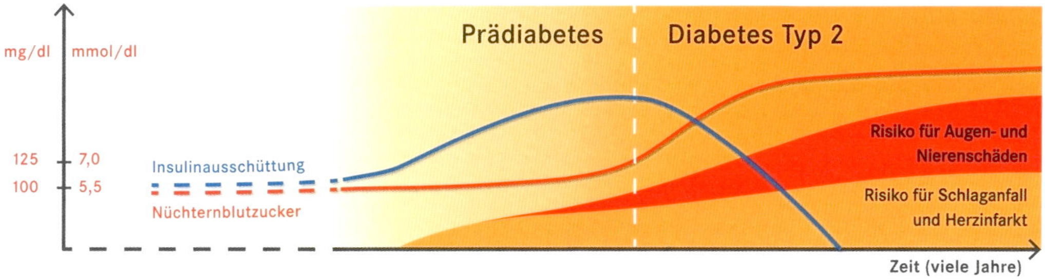

Dazu lässt er Sie auf nüchternen Magen eine festgelegte Menge Zuckerlösung trinken. Vorher und danach im Stundenabstand wird der Blutzucker kontrolliert. Liegt der Blutzuckerwert nach zwei Stunden noch über 140 mg/dl, ist der Zuckerstoffwechsel gestört. Werte von 200 mg/dl und darüber bedeuten Diabetes. Ein Schwangerschaftsdiabetes (siehe Seite 34/35) wird bei über 154 mg/dl diagnostiziert.

Warum der Nüchternwert so viel aussagt

Dass selbst bei langen Essenspausen der Blutzuckerspiegel auf Normalniveau bleibt, ist das Verdienst der Leber (siehe Seite 26): Sie kann große Mengen Glukose biochemisch herstellen oder aus ihren Speichern ins Blut schieben. Ungehemmt tut sie das, wenn Insulinresistenz eingetreten ist oder wenn die Bauchspeicheldrüse kein Insulin mehr produziert. Selbst bei nüchternem Magen ist dann zu viel Zucker im Blut.

Insulin macht dick

Insulin dirigiert nicht nur den Zuckerstoffwechsel. Auch in den Fettstoffwechsel greift das Hormon ein: Kursiert viel Insulin im Blut, verbrennt der Körper kein Fett, sondern baut Fettzellen und damit Gewicht auf. Insulinresistenz kann so zu hohen Blutfettwerten beitragen. Es gibt zudem Hinweise darauf, dass Insulin die Entstehung von Bluthochdruck begünstigt.

Die stillen Killer

Insulinresistenz, Bluthochdruck und Fettstoffwechselstörung (d.h. zu viele Triglyzeride, zu viel schlechtes LDL-Cholesterin und/oder zu wenig gutes HDL-Cholesterin im Blut) werden auch die „stillen Killer“ genannt. Sie machen kaum Beschwerden, aber jeder einzelne der Faktoren steigert das Risiko für Gefäßkrankheiten. Treten die drei gemeinsam auf, begleitet von einer bauchbetonten Fettleibigkeit, liegt ein metabolisches Syndrom vor. Mediziner nennen es auch „tödliches Quartett“. Das heißt für Sie: Höchste Zeit, Ihr Leben umzukrempeln – es ist schon fünf vor zwölf!

Die Ernährungs-Docs

Wer seinen Körper reichlich mit leicht verdaubaren Kohlenhydraten (siehe Seite 42) versorgt, baut eher Fett auf, weil der Insulinspiegel ständig erhöht ist. Zwischen den Mahlzeiten sollten deshalb immer gute Pausen liegen, in denen sich die Bauchspeicheldrüse ausruhen und der Körper auf Fettverbrennung schalten kann. Zusätzlich injiziertes Insulin steigert das Gewicht noch mehr – besonders das Mahlzeiteninsulin. Ein wichtiger Grund gegen eine zu früh begonnene oder zu hoch dosierte Insulintherapie (siehe Seite 28).

Ernährungstherapie statt Insulin

Neueste Studien lassen den Schluss zu: Diabetes ist heilbar. Damit jeder Betroffene seinen Lebensstil danach ausrichten kann, sollte man mehr wissen als die Forschungsergebnisse. Was muss passieren, damit Diabetes-Patienten von wissenschaftlichen Erkenntnissen profitieren können? Ernährungs-Doc Matthias Riedl klärt auf.

Diabetes ist heilbar! Was bedeutet diese Nachricht?

Erst einmal ist es eine sehr gute Nachricht, die jedem Typ-2-Diabetiker berechtigte Hoffnungen machen darf. Die Heilungschancen liegen nach neueren Studien bei fast 90 Prozent. Insulin kann häufig wieder abgesetzt oder die Gabe auf Jahrzehnte hinausgezögert werden. In vielen Fällen lässt sich die Krankheit heilen oder durch entsprechende Prophylaxe sogar im Vorfeld verhindern. Doch für die Patienten ist es nicht einfach, die richtige Hilfe zum richtigen Zeitpunkt zu finden. In der Regel müssen die Betroffenen sich selbst helfen. Das kann und sollte auch jeder tun.

Was genau hat die Vermutung bestätigt, dass Diabetes Typ 2 doch heilbar ist?

Zum einen gibt es immer mehr neue Berichte über einzelne Patienten, die mithilfe der Ernährungsmedizin geheilt werden konnten. Das hat diese Form der Diabetes-Therapie enorm befruchtet. Zum anderen räumen Forscher in aktuellen Studien mit dem alten Vorurteil auf, dass es eine Seltenheit ist, wenn Diabetes-Symptome sich bessern oder ein Patient ganz gesund wird. Zum Beispiel zeigte zuletzt eine klinische Studie über die Diabetes-Remission („Diabetes Remission Clinical Trial"), dass ein intensives betreutes Abnehmprogramm sehr viel effektiver ist als eine normale Betreuung beim Hausarzt.

Wie gingen die Forscher dabei vor?

Dafür wurden 298 Patienten drei bis fünf Monate lang entweder beim Hausarzt oder in einem intensiven Abnehmprogramm betreut. Das Ergebnis: Fast die Hälfte derjenigen, die betreut abnehmen konnten, erreichte deutliche Verbesserungen der Symptome, während die Hausarztbetreuung nur bei vier Prozent erkennbar anschlug. Als Fazit kann man festhalten: Eine Ernährungsumstellung mit Gewichtsreduzierung bringt prozentual gesehen zehnmal mehr.

Gilt das für jeden Diabetes-Patienten, unabhängig vom Ausgangsgewicht?

Nein. Beim Blick auf die Details fiel auf, dass es insbesondere auf die Höhe der Gewichtsreduktion ankommt. Wer weniger als sieben Kilo abnimmt, verringert seine Chancen auf magere sieben Prozent, also nicht viel mehr als bei einer herkömmlichen Behandlung. Wer hingegen ein Minus von mehr als 15 Kilo verbuchen kann, steigert die sogenannte Remissionswahrscheinlichkeit, also die Chance, dass die Symptome sich verbessern, auf 86 Prozent. Schon im Jahr 2013 konnte Professor Roy Taylor von der Universität Newcastle in einer kleinen Studie zeigen, dass sich die Verfettung der Bauchspeicheldrüse und die entsprechende Insulinreaktion durch eine radikale Ernährungsumstellung in zwei Monaten vollkommen normalisieren können.

Wie sieht es bei der Vorbeugung aus?

Die weltweit erste Studie zum Thema Diabetes-Prävention war eine Studie aus China. Sie begann bereits 1986 mit 577 erwachsenen Probanden, die einen gestörten Nüchternblutzuckerwert hatten. Ein Teil der Gruppe machte Diät, ein anderer Teil setzte auf Bewegung, eine weitere Untergruppe kombinierte beides, eine Kontrollgruppe unternahm gar nichts. Nach sechs Jahren konnten die chinesischen Wissenschaftler feststellen, dass das Diabetes-Risiko in der Diätgruppe um 31, in der Bewegungsgruppe um 46 und in der kombinierten Behandlungsgruppe um 42 Prozent gegenüber der Kontrollgruppe reduziert war. Diese und andere Studien belegten einmal mehr: Diabetes ist keine Einbahnstraße mehr und sollte so früh wie möglich mit lebensstilverändernden Maßnahmen behandelt werden.

Warum werden diese Erkenntnisse bisher nur wenig genutzt?

Das Wissen allein hilft leider nicht. Die Patienten brauchen praxistaugliche Möglichkeiten, die Informationen umzusetzen. Die deutschen Diabetes-Praxen werden von den Kassen finanziell abgestraft, wenn sie die modernen gewichtssparenden Medikamente (siehe Seite 28) einsetzen oder eine notwendige Ernährungsumstellung mit Gewichtsreduktion in den Mittelpunkt der Behandlung stellen. Die meisten Diabetiker in Deutschland erhalten keine Ernährungstherapie, sondern zu früh Insulin. Mit fatalen Folgen: Weil Insulin dick macht, wird eine tödliche Gewichtsspirale in Gang gesetzt, die das Leben verkürzt.

Woran scheitern Ernährungsprogramme?

Bei uns steht ein entsprechendes Programm mit Schulungsmaßnahmen nur Patienten zur Verfügung, die bereits an Diabetes erkrankt sind. In der deutschen Diabetes-Therapie spielt die Gewichtsoptimierung leider keine große Rolle. Im sogenannten Disease-Management-Programm, mit dem Betroffene bei chronischen Krankheiten lernen, sich selbst an der Behandlung zu beteiligen, wird das Gewicht zwar abgefragt, doch es fehlen konkrete Ziele, wie die Patienten ihr Übergewicht loswerden können. Die Ernährungstherapie beschränkt sich meist darauf, dass die Diabetiker lernen, den Kohlenhydratgehalt ihrer Nahrung in Berechnungseinheiten (BE) umzurechnen. Abnehmen ist kein Qualitätsmerkmal für eine gelungene Therapie.

Was müsste sich ändern?

Es gibt bessere Schulungen, zum Beispiel die MEDIAS-Schulungen. Die Abkürzung steht für „Mehr Diabetes Selbstmanagement für Typ 2“. Dieses Programm geht über die üblichen Schulungen hinaus und müsste häufiger angewendet werden. Außerdem könnte bereits ein Prädiabetes behandelt werden, um die Krankheit zu verhindern. Denn im Anfangsstadium lässt sich am effektivsten vorbeugen. Trotzdem erhalten zum Beispiel Patienten mit einem metabolischen Syndrom, die in hohem Maße gefährdet sind, keine Schulung, obwohl sie sie dringend haben müssten. Es ist leider so, dass den meisten Typ-2-Diabetikern in Deutschland die Ernährungstherapie vorenthalten wird.

Schwerpunktpraxis Ernährungsmedizin

Mittlerweile gibt es in Deutschland eine Zertifizierung für Schwerpunktpraxen Ernährungsmedizin durch den Bundesverband Deutscher Ernährungsmediziner (BDEM). Bundesweit gibt es 80 solcher Praxen, die zunehmend von den Krankenkassen akzeptiert werden. In einigen Regionen gibt es schon Einzelvereinbarungen mit Krankenkassen. Adressen in Ihrer Nähe finden Sie unter www.bdem.de.

Wie sieht eine geeignete Therapie aus?

Sie beginnt mit einer Ernährungsanalyse als Basis. Dabei sollte es nicht nur um die Bestandteile der täglichen Ernährung vom Eiweiß bis zu den Spurenelementen gehen, sondern auch um die verzehrten Mengen und um die Frage, wie häufig jemand isst. Oft kommt dabei ein weitverbreiteter Ernährungsfehler ans Licht: das Snacken. Es führt nicht nur zu Übergewicht, sondern belastet die Bauchspeicheldrüse zusätzlich. Nach der Auswertung aller Ergebnisse machen Ärzte und Ernährungsexperten individuelle Coachings über einen Zeitraum von mehreren Wochen, in denen der Patient die Neuerungen ausprobiert. Wie eine optimale Ernährung bei Diabetes aussieht und wie die Umstellung gelingen kann, erfahren Sie in diesem Buch ab Seite 40.

Wie viele Veränderungen sind erfahrungsgemäß möglich?

Nicht zu viele. Im medicum Hamburg gehen wir nach dem 20:80-Prinzip vor. Das heißt, dass höchstens 20 Prozent der Ernährungsgewohnheiten angetastet werden und 80 Prozent erhalten bleiben. Es werden also nur die wichtigsten Fehler durch neues Verhalten ersetzt. Dadurch haben die Patienten den Eindruck, dass sich eigentlich nur wenig in ihrer Ernährung verändert hat. Das bringt sehr viel mehr als die typischen Diäten, die radikale Änderungen erfordern und deshalb schnell scheitern. Im Schnitt verlieren die Patienten bei dieser Maßnahme in den ersten beiden Monaten fünf Kilo und fühlen sich besser und fitter.

Welche Fehler werden häufig gemacht?

Statistisch gesehen essen die Deutschen zu wenig Gemüse, Nüsse und Pilze und zu viele Kohlenhydrate aus Kartoffeln, Brot und Co. Dabei ist es offensichtlich, dass bei der Kohlenhydratstoffwechselstörung Diabetes gerade Kohlenhydrate das System überfordern. Auch schafft es kaum jemand, die richtige Menge Eiweiß zu essen. Die empfohlene Proteinaufnahme von 1 bis 1,2 g pro Kilo Körpergewicht sollte auf zwei bis drei Mahlzeiten verteilt werden. Diese Empfehlung wird hierzulande weder von Männern noch von Frauen erreicht. Vor allem Männer essen zu häufig zu viel Eiweiß auf einmal.

Wann ist der beste Zeitpunkt für eine Ernährungstherapie?

Die Heilungs- und Verbesserungschancen korrelieren mit der Dauer der Erkrankung: Je länger nichts getan wird, desto schwieriger wird es. Wer mehr als zwei Jahre Diabetes hat, erreicht sein Ziel nicht so schnell wie jemand, bei dem die Krankheit sofort diagnostiziert wird. Neben der Gewichtsreduktion ist der Zeitpunkt der entscheidende Erfolgsfaktor.

Was raten Sie Typ-2-Diabetikern?

Jeder Typ-2-Diabetiker sollte seine Behandlung nicht nur dem Arzt überlassen, sondern sie auch selbst in die Hand nehmen, auf seine Ernährung achten und bei Bedarf die neuen Medikamente verlangen. Wer mit diesem Buch nicht zum Ziel kommt, sollte sich eine Zweitmeinung in einer Schwerpunktpraxis Ernährungsmedizin (siehe Kasten Seite 17) einholen.

Ärztliche Kontrolle

Auch wenn Sie Ihre Ernährung nach unseren Ratschlägen umstellen, sollten Sie in jedem Fall die Kontrollen beim Hausarzt oder Diabetologen wahrnehmen. Er checkt wichtige Blutwerte, prüft Sehvermögen, Nerven, Füße und Gefäße. Diese umfassende Bestandsaufnahme zur Gesundheit von Organen und Herz-Kreislauf-System gibt Ihnen die Chance, so früh wie möglich gegen sich entwickelnde Schäden anzugehen.

Dank Ernährungsumstellung geheilt

Dirk von G. litt schon fünf Jahre unter Diabetes, spritzte Insulin und nahm immer weiter zu. Als Ernährungs-Doc Matthias Riedl ihm an Ratten zeigte, wie Burger und Co. süchtig machen, erkannte er seine größten Ernährungsfehler. Er schaffte die Wende und wurde schließlich gesund.

Dass ausgerechnet Ratten sein Leben komplett verändern würden, hätte Dirk von G. nie gedacht. Was war passiert? Ernährungs-Doc Matthias Riedl hatte dem Diabetes-Patienten gezeigt, wie die Tiere fraßen und fraßen und dabei jede Kontrolle verloren, weil sie Burger statt Rattenfutter mampfen durften. Dirk von G. merkte: Die Nager hatten etwas, das er selbst nur zu gut kannte. Sie aßen ohne Maß, wurden süchtig – und dick. Die unwiderstehliche „Fressmischung" aus Fett und Kohlenhydraten hatte ihr artgerechtes Essverhalten außer Kraft gesetzt. Bei Dirk von G. war das oft genauso. Gab es Schokolade, blieb es nie bei einem Stück – es musste die ganze Tafel sein. Und auch sonst aß er ohne System. Auf Autofahrten stopfte der Vertreter im Außendienst Süßigkeiten gegen Langeweile in sich hinein, mittags gab's Fast Food im Doppelpack und zu Hause nach dem Abendbrot noch Pralinen.

Kein Wunder, dass Übergewicht und Diabetes Typ 2 weiter fortschritten. Dirk von G. steckte in einem Teufelskreis. Mehr Insulin, mehr Hunger, mehr Kohlenhydrate und Fett – es drohten Arterienverkalkungen, Schlaganfall und Herzinfarkt. Dass seine Ernährungsweise ihn süchtig machte, ahnte er nicht. Er glaubte einfach, ihm fehle die Disziplin zum Hungern. Wie vielen Typ-2-Diabetikern wurde Dirk von G. keine Alternative zu Insulin und Tabletten angeboten. Er spritzte und resignierte. Bis dann der Moment kam, in dem er dachte „Es reicht" und sich bei den Ernährungs-Docs anmeldete.

Mithilfe der Ratten machte Matthias Riedl ihm klar, dass „Fressorgien-Kombinationen" wie Burger, Pizza,

Im Gespräch mit Ernährungs-Doc Matthias Riedl wurde Dirk von G. einiges klar.

Pommes und Co. niemals zum Erfolg führen. Jetzt verstand Dirk von G., warum ihm Abnehmen bisher nie gelungen war. Der Mix aus Fett und Zucker sättigt nicht richtig, sondern macht vor allem Lust auf mehr. „Die Ratten mit ihrer ungezügelten Fresslust hatten mir zu denken gegeben." Dirk von G. machte sich motiviert ans Werk: Gemüse statt Gummibärchen, Lachs mit Salat statt Burger, Rührei statt Wurstbrötchen, unterwegs Wasser statt Schokoriegel und kein „Fress-Formel-Futter" mehr. Gewohnheiten veränderten sich. Der 56-Jährige begann zu walken und ernährte sich gesund. Nach ein paar Wochen staunte er: „Endlich merkte ich, dass ich auch ohne Süßigkeiten, Chips und Fast Food sehr gut leben kann." Sein Einsatz wurde reich belohnt. Nach einem halben Jahr waren 13 Kilo runter. Dirk von G. brauchte keine Spritzen mehr und konnte die Tabletten reduzieren. „Besser geht's nicht, Gratulation!", lobte Matthias Riedl. Dirk von G. konnte sein Glück kaum fassen: „Das ist Wahnsinn, fantastisch, klasse. Ich sage Danke!"

Was das Gewicht ausmacht

Übergewichtige Typ-2-Diabetiker haben es am leichtesten, ihre Krankheit in den Griff zu bekommen: Meist müssen nur ein paar Kilos runter – schon pendeln sich die Blutzuckerwerte wieder ein. Besonders das Bauchfett sollte beim Abnehmen schmelzen. Ergreifen Sie diese Chance!

Studien haben gezeigt: Die Hälfte der Typ-2-Diabetiker könnte ohne Medikamente gut behandelt werden. Ernährungsumstellung, Gewichtsabnahme und mehr Bewegung wären bei ihnen schon ausreichend. Denn sie haben Diabetes, weil das Verhältnis von Körperfett und Muskeln aus der Balance geraten ist. Idealgewicht anzustreben, ist dabei nicht mal nötig: Ein relativ geringer Gewichtsverlust genügt oft, um die Insulinresistenz wieder rückgängig zu machen. Selbst für optisch schlanke Menschen mit kleinem Bauchansatz ist Abspecken eine Chance, denn bei ihnen kann durchaus eine Fettleber (siehe Seite 26) vorliegen.

Fett ist nicht gleich Fett

Für unsere Vorfahren war es ein enormer Überlebensvorteil, dass der Körper Fettreserven anlegen kann. Denn die längste Zeit in unserer Entwicklungsgeschichte war Nahrung nicht so leicht verfügbar wie heute im Supermarkt. Deshalb hat die Natur es so eingerichtet, dass wir auf Vorrat essen können: Was an Nahrungsenergie nicht gebraucht wird, wandelt unser Stoffwechsel in Fett um und bunkert es für schlechte Zeiten. Platz für Reserven hat der Körper im Unterhautfettgewebe (subkutanes Fett), das als Isolator gegen Kälte und Wärme dient – oder er befüllt die Depots in der Bauchhöhle, die die inneren Organe umhüllen (viszerales Fett). Notfalls kann er Fett sogar in den Muskelzellen, in Organen wie Herz und Leber und selbst in den Knochen unterbringen.

Wo unser Körper wie viel speichert, ist abhängig von unseren Genen – und von der Energiezufuhr. Den berühmten Bierbauch sieht man vor allem bei Männern, „Apfelform" nennen Mediziner das. Bei Frauen dominiert dagegen die „Birnenform": Zusätzliche Pfunde sammeln sich auf Oberschenkeln und Hüfte. Studien haben nun gezeigt, dass das Fettgewebe im Bauchbereich besonders schädlich ist.

Das Bauchfett muss weg!

Alle Fettzellen im Körper schütten ständig Botenstoffe aus, die an der Steuerung des Stoffwechsels beteiligt sind. Über diese Signalstoffe kommuniziert das Fettgewebe mit Muskeln, inneren Organen und Gehirn. Im Gegensatz zum Unterhautfettgewebe stellt das Fettgewebe im Bauchraum allerdings enorm viele schädliche Botenstoffe her. Bauchfetthormone fördern hohen Blutdruck, Entzündungen und steigern das

Maßband raus!

Wie groß Ihr Krankheitsrisiko durch Ihr Bauchfett (viszerales Fett) ist, zeigt sehr gut der Bauchumfang an. Bei Frauen gilt er ab 80 Zentimetern als zu hoch, bei Männern ab 94 Zentimetern. So messen Sie richtig:

- Wann: vor dem Frühstück, nüchtern
- Wie: stehend, mit freiem Oberkörper, beim Ausatmen, mit einem Maßband
- Wo: in der Mitte zwischen der untersten Rippe und der Oberkante des Hüftknochens beziehungsweise an der dicksten Stelle des Bauchs (etwa in Höhe des Bauchnabels)

Krebsrisiko. Zudem gibt das Bauchfett leichter Fettsäuren frei – schlecht für das Herz-Kreislauf-System. Verfettet die Leber, wird dieses wichtige Organ insulinresistent, der Blutzuckerstoffwechsel entgleist.

BMI und Diabetes

Der Body-Mass-Index (abgekürzt BMI) ist ein Maß für Normal-, Unter- oder Übergewicht. Studien besagen: Für Übergewichtige (BMI über 25) verdoppelt sich das Risiko, an Diabetes Typ 2 zu erkranken, für Personen mit Adipositas (BMI über 30) verdreifacht es sich und ein BMI über 40 verringert die Lebenserwartung um acht bis zehn Jahre.

Berechnet wird der BMI, indem man das eigene Körpergewicht in Kilo durch das Quadrat der Körpergröße in Meter teilt. Bei 1,69 Meter Größe und 85 Kilo Gewicht wären das 85 : (1,69 x 1,69) = 29,8 – ein BMI an der Grenze zur Adipositas.

Allerdings beurteilt der BMI Ihr persönliches Krankheitsrisiko weniger genau als Ihr Bauchumfang (siehe Kasten links). Denn ein hoher BMI kann unter anderem durch höhere Knochendichte, breiteren Knochenbau oder viel Muskelmasse mitverursacht sein.

Muskeln erhöhen Energieverbrauch

Menschen, die sich regelmäßig bewegen, tun Gutes für ihre Muskeln und einen ausbalancierten Stoffwechsel. Muskeln erhöhen den Grundumsatz, also

Durch regelmäßige Bewegung purzeln die Pfunde.

den Basisenergieverbrauch des Körpers. Sie verbrauchen selbst im Ruhezustand mehr Energie als das Fettgewebe. Etwa ab dem 30. Lebensjahr baut der Mensch allerdings stetig Muskelmasse ab: durchschnittlich fünf Prozent alle zehn Jahre. Dieser Prozess beschleunigt sich im höheren Alter. Er kann zu Muskelmangel führen, Mediziner nennen das Sarkopenie. Das Risiko für Insulinresistenz und Typ-2-Diabetes steigt daher generell mit zunehmendem Lebensalter an. Mit Krafttraining, aber auch schon mit genügend regelmäßiger Bewegung können Sie dieser Entwicklung gegensteuern.

Bewegung heilt Insulinresistenz

Wer häufig aktiv ist und Sport treibt, hält seinen Langzeitblutzuckerwert $HbA1_c$ (siehe Seite 14) niedriger und verbessert die Empfindlichkeit seiner Muskelzellen für Insulin. Denn Bewegungsmangel ist eine der Hauptursachen für die Insulinresistenz der Muskelzellen! Sobald die Muskeln arbeiten, beziehen sie Glukose als Brennstoff aus ihren eigenen Vorräten. Sind die leer, besorgen sich die Muskelzellen ihren Energienachschub aus dem Blut. Die Folge: Der Blutzuckerspiegel sinkt. Nach beendeter Arbeit füllen die Muskeln ihre Zuckerspeicher wieder auf. Dieser sogenannte Muskelauffülleffekt hält bis zu zwei Tage lang.

Die Ernährungs-Docs

Beleibte Typ-1-Diabetiker profitieren ebenfalls von einer Reduzierung des Bauchfetts: Laut Studien entwickeln sich bei ihnen überdurchschnittlich oft Nierenfunktionsstörungen und Herz-Kreislauf-Erkrankungen, selbst Insulinresistenz kommt vor. Körperliche Aktivität und gesunde Ernährung beugen diesen Risiken vor.

Werden Sie aktiv!

Bewegung heilt. Und das sogar kostenlos und frei von Nebenwirkungen. Wer regelmäßig seine Muskeln spielen lässt, verbrennt mehr Zucker, nimmt leichter ab und fühlt sich ausgeglichener. Profitieren Sie von unseren Tipps, wie Sie gesund auf Trab kommen und was Diabetiker beim Training beachten sollten.

Jede Bewegung zählt!

Wenn das keine gute Nachricht ist: Dem Stoffwechsel ist es egal, womit Sie die Kalorien verbrauchen – ob Volleyball, Hausputz oder Gartenarbeit. Jegliche halbwegs anstrengende körperliche Tätigkeit hilft gegen Insulinresistenz, verbessert die Durchblutung und beugt typischen Folgen der Zuckerkrankheit vor, etwa Gefäßerkrankungen oder Herzinfarkt. Bewegung an der frischen Luft schützt noch dazu vor Infekten und versorgt Sie mit Vitamin D, das den Stoffwechsel und die Körperabwehr stabilisiert.

Aktiv im Alltag

Schon die täglichen Wege und Aufgaben eröffnen uns reichlich Gelegenheiten, um ein klein wenig ins Schwitzen zu kommen. Viele lassen wir uns oft aus Bequemlichkeit entgehen. Wir könnten aber neue Gewohnheiten schaffen, zum Beispiel:

+ Treppe statt Aufzug nutzen,
+ alltägliche Wege zu Fuß oder mit dem Fahrrad erledigen – für Einkäufe eventuell einen Trolley, Korb oder Anhänger anschaffen,
+ bei Busfahrten ein, zwei Haltestellen vor dem Ziel aussteigen und den Rest gehen,
+ bei Autofahrten ein paar Straßen vom Ziel entfernt parken und ebenfalls gehen.

10 000 Schritte schaffen

So viele sollten es täglich sein – bei sitzender Tätigkeit muss man da erst mal hinkommen. Vielleicht motiviert Sie ein Schrittzähler? Fitness-Apps auf dem Smartphone leisten Vergleichbares. Übrigens: Auch ein Hund kann durchaus ein guter Fitness-Coach sein. Denn er will bei Wind und Wetter raus.

Langsam steigern

Der Stoffwechsel braucht ein paar Wochen, um sich auf ungewohnte Anforderungen einzustellen. Steigern Sie Ihre Ziele also langsam, seien Sie stolz auf kleine Fortschritte und überfordern Sie sich nicht.

Zu alt für Sport?

Das gibt es nicht. Es ist nie zu spät, mit dem Training (wieder) anzufangen! Wenn Sie jahrelang keinen Sport getrieben haben, lassen Sie sich aber einmal vom Arzt durchchecken: Sind Blutdruck, Belastungs-EKG, Gelenke in Ordnung? Ihr Arzt kann Sie auch dahingehend beraten, welche Sportarten infrage kommen.

Lieber Kraft- oder Ausdauertraining?

Bei ausreichender Herz-Kreislauf-Fitness ohne körperliche Beschränkungen ist eine Mischung von Kraft- und Ausdauersport ideal. Bei eingeschränkter Gesundheit sollten Sie die Ernährungstherapie zunächst nur mit Krafttraining kombinieren – lassen Sie sich die für Sie passenden Übungen zeigen.

Wie oft und wie lange bewegen?

Grundregel: lieber mehrmals pro Woche kurz aktiv sein als nur einmal am Wochenende und dafür stundenlang. Viermal wöchentlich 30 bis 45 Minuten sind optimal für ein Ausdauertraining. Für Krafttraining werden in den meisten Fällen zwei bis drei Trainingstage pro Woche empfohlen.

Regeln für insulinpflichtige Diabetiker

+ Vor, während und nach körperlicher Aktivität Blutzuckerwert bestimmen.
+ Insulindosis an Zeitpunkt, Dauer und Intensität des Trainings anpassen und/oder Kohlenhydratzufuhr erhöhen: langsam wirkende Kohlenhydrate (Müsliriegel) 1 bis 2 Stunden vor Belastungsbeginn, schnell wirkende (Traubenzucker) direkt vor der Belastung einnehmen.
+ Ein Ausgangswert von 150 bis 180 mg/dl ist meist ideal, bei gefährlichen Sportarten wie Klettern oder Tauchen auch darüber – Aufregung kann die Werte kurzzeitig erhöhen.
+ Nur Typ-1-Diabetiker: bei Glukosewerten über 250 mg/dl Ketonkörper im Urin testen. Training nur bei negativem Test beginnen. Anderenfalls abbrechen, viel trinken, Insulin spritzen.
+ SOS-Sportset einpacken (Traubenzucker, Glukose-Gel, Softdrinks)!
+ Viel trinken! Bei Glukosewerten über 160 mg/dl brauchen Diabetiker mehr Flüssigkeit als Gesunde.
+ Der Muskelauffülleffekt (siehe Seite 21) nach dem Sport kann noch zwei Tage lang Unterzuckerungen begünstigen.
+ Diabetes- und Sporttagebuch führen, das auch ein Ernährungsprotokoll mit einschließt.

Suchen Sie sich Sportarten, die Freude machen.

7 Tipps für den sportlichen (Wieder-)Einstieg:

1. **Dem Lustprinzip folgen:** Was hat Ihnen früher – als Kind – Spaß gemacht? Lieber eine nicht ganz so „nützliche" Sportart wählen, als sich widerwillig zum Training quälen.
2. **Konkrete mittelfristige Ziele setzen:** „Ich möchte in sechs Monaten eine Stunde am Stück laufen können" oder „Ich möchte bis Juni acht Kilo abnehmen".
3. **Mitstreiter suchen:** Einen Lauf- oder Tennispartner lässt man nicht hängen, selbst wenn das Sofa laut ruft. Gleichgesinnte finden Sie auch in Diabetes- oder Herzsportgruppen.
4. **Trainingstermine blocken:** verbindlich im Kalender eintragen.
5. **Leistung allmählich steigern:** erst öfter, dann länger, dann intensiver trainieren.
6. **Fortschritt kontrollieren:** Halten Sie in einem Tagebuch Zeiten und Erfolge fest – das motiviert! Dies kann auch mit einem Ernährungsprotokoll kombiniert sein (siehe Buchbeilage).
7. **In gute Ausrüstung investieren:** Die neuen Laufschuhe wollen bewegt, das Racket geschwungen werden. Gönnen Sie sich hübsche und bequeme Sportbekleidung.

Vorsicht vor Unterzuckerung

Wichtig für alle, die Insulin spritzen oder blutzuckersenkende Medikamente (Sulfonylharnstoffe, Glinide) einnehmen: Bei körperlicher Anstrengung kann der Blutzuckerspiegel stark sinken, es droht eine Unterzuckerung (siehe Seite 29). Zu den Warnzeichen gehören Herzjagen, Schwäche oder kalter Schweiß.

Diabetes-Mythen

Einmal Insulin – immer Insulin! Diabetes kommt vom Naschen und trifft nur Dicke. Und Sport ist schädlich für Diabetiker. Wirklich? Um den Diabetes und seine Behandlung ranken sich viele Mythen und Halbwahrheiten. Hätten Sie gewusst, dass viele dieser „Weisheiten“ wissenschaftlich widerlegt sind?

Menschen mit Diabetes dürfen keinen Sport treiben.

Ganz im Gegenteil! Die Angst vor Unterzuckerung ist zwar nicht unberechtigt. Diabetiker sollten deshalb vor dem Sport und bei harten Trainings auch zwischendurch den Blutzucker messen, und natürlich muss die Medikation angepasst sein. Aber wer dies beachtet, der kann sogar Leistungssport betreiben! Die Bewegung senkt nicht nur den Blutzuckerspiegel, sondern wirkt auch positiv auf den Blutdruck und die Cholesterinwerte. Sport kann das Risiko für Komplikationen reduzieren und lässt Pfunde purzeln (siehe Tipps Seite 23).

Je später ich Tabletten gegen Diabetes nehme, desto besser.

„Ein bisschen Zucker schadet nicht?“ Ein sehr gefährlicher Irrglaube! Denn auf Dauer schädigt schon ein nur leicht erhöhter Blutzuckerspiegel die Gefäße, es drohen Herz-Kreislauf-Krankheiten, Nerven-, Nieren- und Augenschäden. Die Bauchspeicheldrüse leidet unter ständiger Überforderung und verliert ihre Leistungsfähigkeit. Diabetiker brauchen sofort eine solide Medikation, die verzögert das Fortschreiten der Krankheit. Das ist vor allem für Metformin (siehe Seite 28) nachgewiesen. „Früh und intensiv behandeln“ lautet daher die Devise – gerade die Einstellung in den ersten Jahren entscheidet über Ihre spätere Gesundheit. Wenn Ernährungstherapie und Bewegung angeschlagen haben, können die Medikamente in Absprache mit dem Facharzt wieder abgebaut werden.

Eine genetische Veranlagung führt unweigerlich irgendwann zu Diabetes.

Das ist zum Glück falsch. Wer erblich vorbelastet ist, der sollte allerdings besonders gesundheitsbewusst leben und sich häufiger kontrollieren lassen. Auch wenn Typ-2-Diabetes in der Familie aufgetreten ist, hat es jeder selbst in der Hand, ob es bei ihm so weit kommt.

Diabetes bekommt, wer zu schwer ist, zu süß und zu fett isst.

Nicht unbedingt. Es stimmt zwar: Das Diabetes-Risiko steigt bei Übergewicht und wenn man dauerhaft mehr Kalorien zu sich nimmt, als der Körper braucht. Eine sehr kalorienreiche Ernährung mit vielen einfachen Kohlenhydraten (siehe ab Seite 42) kann definitiv Typ-2-Diabetes fördern. Richtig ist aber auch: Viele Übergewichtige entwickeln nie einen Diabetes Typ 2.

Einmal Insulintherapie, immer Insulintherapie.

Ja und nein: Für Typ-1-Diabetiker ist die Insulintherapie ein Segen und nach aktuellem Forschungsstand noch unverzichtbar. Diabetes Typ 2 kann sich zurückbilden – erwiesenermaßen auch Jahre nach dem Beginn der medikamentösen Behandlung! Mithilfe der Ernährungstherapie schaffen es Typ-2-Diabetiker, ihre Insulindosis zu reduzieren oder ganz abzusetzen.

Diabetiker müssen ihre Blutzuckerwerte regelmäßig zu Hause überprüfen.

Jein. Es stimmt für Typ-1-Diabetiker und alle, die Insulin brauchen. Denn sie müssen gegebenenfalls die Dosis anpassen, um gefährliche Schwankungen auszugleichen. Für alle anderen Diabetiker gilt: Wenn der Blutzucker gut eingestellt ist, müssen Betroffene die Werte in der Regel nicht selbst kontrollieren. Manchen Diabetikern hilft die Selbstkontrolle mit Teststreifen jedoch, Änderungen des Lebensstils auch langfristig einzuhalten. In jedem Fall sind regelmäßige Arztbesuche nötig.

Diabetes ist nicht so schlimm.

Mit der Zuckerkrankheit kann man leben, aber man sollte sie nicht auf die leichte Schulter nehmen. Zu den Spätfolgen gehören Durchblutungsstörungen in Organen und Extremitäten, Herzinfarkt und Schlaganfall. Beispielsweise erblinden hierzulande jedes Jahr 2000 Diabetiker, stündlich sterben drei Menschen an den Spätfolgen von Diabetes.

Diabetes Typ 2 trifft nur Ältere.

Leider falsch. Heutzutage betrifft auch Diabetes Typ 2 alle Altersgruppen, das Phänomen „verjüngt" sich zusehends. In den USA wurde der vormals sogenannte Alterszucker kürzlich bei einer Dreijährigen diagnostiziert. Experten schätzen, dass allein in Deutschland 5000 Kinder und Jugendliche Typ-2-Diabetiker sind.

Zentralorgan Leber

Die Leber ist das Kraftwerk unseres Körpers, eine richtige kleine Chemiefabrik: Alle Stoffe und Nahrungsbestandteile werden hier ab- oder umgebaut. Ernährungs-Doc Jörn Klasen erklärt, warum die Gesundheit unserer Leber und Diabetes so eng zusammenhängen.

Was hat unsere Leber für Aufgaben?

Die Leber ist die größte Drüse des menschlichen Organismus und unser zentrales Stoffwechselorgan. Auch im Zuckerstoffwechsel spielt sie eine Hauptrolle: Sie muss den Blutzuckerspiegel konstant halten. Dazu kann sie aufgenommenen Zucker in Speicherzucker umwandeln und einlagern – und wenn der Energiebedarf durch die Nahrung nicht gedeckt ist, eingespeicherten Zucker wieder an das Blut abgeben.

Wie läuft das zum Beispiel nach einer Mahlzeit ab?

Wenn wir Kohlenhydrate essen, beispielsweise in Form von Obst, Getreide oder Kartoffeln, werden sie im Magen-Darm-Trakt durch unsere Verdauungsenzyme aufgespalten. Durch die Dünndarmwand gelangt unser wichtigster Kohlenhydratbaustein, die Glukose (siehe Seite 42), in die Pfortader. Die sammelt das nährstoffreiche Blut aus den Bauchorganen und führt es durch die Leber, ehe es in den großen Blutkreislauf geht. Die Leber „schmeckt" genau, wie viel Glukose im Blut ist, und baut sie entsprechend ab oder um (siehe Kasten rechts). Dieses Gleichgewicht des Blutzuckerspiegels unterliegt einer fein abgestimmten Regulation, an der Nervenreize und eine Vielzahl von Hormonen beteiligt sind, insbesondere die Bauchspeicheldrüsenhormone Insulin und Glukagon (siehe Seite 14/15).

Man hört immer häufiger von der „nicht-alkoholischen Fettleber". Was hat es damit auf sich?

Von einer Fettleber spricht man bei übermäßigen Fetteinlagerungen im Organ. Ein bekanntes Risiko dafür ist Alkoholmissbrauch. Es gibt aber auch eine ernährungsbedingte Fettleber. Fast drei Viertel aller übergewichtigen Erwachsenen sind davon betroffen, von den Typ-2-Diabetikern nahezu die Hälfte. Offenbar begünstigt Insulinresistenz das Phänomen. Da die Leber nur begrenzte Speicherkapazitäten für Glykogen hat – etwa 150 Gramm –, wandelt sie überschüssigen Zucker aus der Nahrung in Cholesterin oder Triglyzeride, also Fett, um.

Die Fetttröpfchen können sich auch in den Leberzellen einlagern. Nehmen wir beispielsweise dauerhaft zu viele Kohlenhydrate zu uns, verfettet das Organ dadurch nach und nach und wird immer größer. Wenn mehr als fünf Prozent der Leberzellen eine Fetteinlagerung zeigen, sprechen wir von Leberverfettung, ab 50 Prozent von einer Fettleber. Im Extremfall können mehr als zwei Drittel der Leberzellen verfettet sein.

Welche Symptome verursacht die Fettleber?

Lange Zeit keine, das ist die Tücke. Eine Fettleber tut nicht weh, daher wird sie meist nur zufällig entdeckt, etwa bei einem Ultraschall. Mit wachsender Fetteinlagerung steigt jedoch das Entzündungsrisiko. Entzündet sich die Leber, kommt es also zur sogenannten Fettleberhepatitis, dann können Beschwerden wie Übelkeit und Druckempfindlichkeit auftreten. Bei einer Blutuntersuchung findet der Arzt erhöhte Leberwerte. Unbehandelt drohen schwere Komplikationen: In etwa jedem zehnten Fall gehen Leberzellen zugrunde beziehungsweise werden in funktionsloses Bindegewebe umgebaut. Es kann sich eine Leberzirrhose entwickeln – oder sogar Leberkrebs.

Ist die Fettleber heilbar?

Solange die Leber noch nicht entzündet ist, sind die Chancen einer kompletten Heilung sogar sehr gut. Eine Leberzirrhose ist dagegen nicht mehr heilbar. Deshalb sollte die Behandlung unbedingt im Stadium der Fettleber beginnen. Denn wir wissen, dass eine ausgeprägte Fettleber mit Entzündung den Beginn eines metabolischen Syndroms (siehe Seite 15) und eines Diabetes Typ 2 darstellen kann. Bluthochdruck, Herz- und Gefäßkrankheiten gehen ebenfalls häufig mit einer Leberverfettung einher.

Wie entfettet man die Leber?

Liegt eine milde Fettleber vor, reichen mehr Bewegung und eine ausgewogene, kalorienreduzierte Low-Carb-Ernährungsweise (siehe ab Seite 40). Besteht eine ausgeprägte Fettleber, bedarf es allerdings einer Diät. Für ein schnelles Entfetten und gleichzeitiges Abnehmen eignen sich Formula-Diäten. Das sind eiweißangereicherte und kohlenhydratreduzierte Pulver, die nach genauen Vorschriften hergestellt sein müssen. Diese Nährstoffgemische machen satt und ersetzen eine oder mehrere Hauptmahlzeiten am Tag über einen begrenzten Zeitraum. Solche Formula-Diäten sollten nur unter ärztlicher Begleitung durchgeführt werden. Im Anschluss an eine solche Diät müssen die Ernährungsgewohnheiten dauerhaft geändert werden. Meist sind es jedoch nur wenige.

Gibt es auch Medikamente gegen Leberverfettung?

Nur einige wenige Diabetes-Medikamente – zum Beispiel Pioglitazon und die Glutide (siehe Seite 28) – vermindern die Fetteinlagerung in den Leberzellen. Der Königsweg zu einer gesunden Leber sind nach wie vor eine Ernährungsumstellung und ausreichend Bewegung, also dieselben Maßnahmen, die dem Typ-2-Diabetes entgegenwirken.

Steckbrief Leber

Lage: rechter Oberbauch
Gewicht: normal ca. 1,5 Kilo – eine Fettleber kann bis zu drei Kilo wiegen.

Ihre Hauptaufgaben:

- Entgiften/Abbau von schädlichen Substanzen (z. B. Medikamente) zur Ausscheidung mit dem Urin oder Umwandlung (z. B. von Fruktose in Fett)
- Produktion von lebenswichtigen Eiweißen und von Galle zur Fettverdauung
- Speicherung von Zucker, Fetten, Vitaminen und Mineralien, um sie bei Bedarf in den Blutkreislauf abzugeben

So hält sie den Blutzuckerspiegel konstant:

- Glukose wird abgebaut (Glykolyse) zu „Energiepäckchen“ und für den Betrieb der Körperzellen verbraucht.
- Überschüssige Glukose wird umgewandelt in die Speicherform Glykogen und in der Leber gebunkert.
- Bei Bedarf wird Glukose aus Glykogen freigesetzt oder ganz neu produziert (Glukoneogenese).

Ein kleiner Therapieführer

In Deutschland wird zu häufig und zu früh Insulin von außen zugeführt. Viele Diabetes-Patienten greifen zu Spritzen, Insulinpens oder Pumpen. Inzwischen gibt es aber neue revolutionäre Medikamente, die nicht dick machen, sondern die Gewichtsreduktion fördern. Lesen Sie, was sich in den letzten Jahren auf dem Arzneimittelmarkt getan hat.

Die Basistherapie bei Typ-2-Diabetes besteht aus mehr Bewegung und einer Ernährungsumstellung. Dabei unterstützt Sie dieses Buch ganz wesentlich!

Behandlung mit Tabletten

Nächste Therapiestufe bei Diabetes Typ 2 sind Medikamente, meist Tabletten. Sie helfen auf verschiedene Weise, Glukose aus dem Blut zu entfernen. Das jahrzehntelang bewährte Metformin gehört nach wie vor in die erste Reihe der Behandlung: Es macht die Zellen wieder empfindlicher für das körpereigene Insulin. Hilft Metformin zusammen mit der Basistherapie nicht, gibt es zwei Ansätze. Eine neue Möglichkeit sind Tabletten, die überschüssigen Zucker über den Harn ableiten (Gliflozine) – sie helfen sogar beim Abnehmen (siehe Seite 30), eignen sich aber nicht bei Nierenschwäche. Ein anderer Weg sind blutzuckersenkende Medikamente, die die Bauchspeicheldrüse stimulieren. Die früher häufig verwendeten Sulfonylharnstoffe sollten vor allem bei Übergewicht und Unterzuckerungsgefahr nicht eingesetzt werden. Bei Gewichtsproblemen bieten sich Glutide an, die allerdings gespritzt werden müssen. Eine Alternative sind Gliptine – Tabletten, die auch bei Nierenschwäche zum Einsatz kommen können. Sie wirken sich weder positiv noch negativ auf das Gewicht aus.

Reicht all dies nicht mehr aus, wird Insulin ergänzt – zur Vermeidung von Gewichtszunahme idealerweise als Depotspritze am Abend. Dieses Vorgehen hat sich in puncto Unterzuckerungen und Gewichtssteigerung als ideal erwiesen. Denn kurz wirksames Mahlzeiteninsulin fördert das Übergewicht am stärksten.

Konventionelle Insulintherapie (CT)

Zwei- oder dreimal täglich zu festgelegten Zeiten Insulin spritzen und dann zu ebenso festgelegten Zeiten kalorienmäßig genau berechnete Mahlzeiten essen – das war früher die übliche Therapie. Heute ist es eher die Ausnahme. Die CT spart allerdings häufiges Blutzuckermessen und findet daher Anwendung bei älteren Patienten mit festem Tagesrhythmus.

Intensivierte Insulintherapie (Basis-Bolus-Prinzip)

Die flexible intensiviert-konventionelle Insulintherapie (ICT) ist heute Standard: Ein langsam wirkendes Basisinsulin, ein- bis dreimal am Tag gespritzt, deckt unabhängig von den Mahlzeiten den Grundbedarf. Vor einer Mahlzeit messen die Patienten den Blutzucker und spritzen sich zusätzlich ein normal oder schnell wirksames Insulin (Bolus). Die Menge ist von der Zusammensetzung der Mahlzeit abhängig. Die Therapie passt sich dem Tagesablauf an und ahmt gut die Arbeitsweise der Bauchspeicheldrüse nach. Nachteil ist der höhere Aufwand mit dem Messen und Spritzen.

Insulinpumpe

Das kleine Gerät, das am Gürtel oder am Körper getragen wird, gibt über einen feinen Katheter kontinuierlich eine vorher programmierte Insulinmenge ins subkutane Bauchfett ab. Zum Essen oder bei Unterzuckerung ergänzt man auf Knopfdruck den Bolus. Da die Langzeitergebnisse gut sind, wird die Pumpe vermehrt eingesetzt. Nachteile: Die Einstichstelle kann sich entzünden und die Therapie ist relativ teuer.

Vorsicht vor Unterzuckerung!

Eine Unterzuckerung (Hypoglykämie) entsteht bei Überdosierung von Insulin oder anderen blutzuckersenkenden Medikamenten. Der Blutzucker rutscht unter 50 mg/dl, es ist verhältnismäßig zu viel Insulin im Blut. Dazu kommt es, wenn Sie zu spät oder zu wenig essen oder bei körperlicher Anstrengung zu viel Glukose verbrauchen. Mögliche Warnzeichen sind Heißhunger, Schweißausbrüche, Herzjagen, Schwäche und Bewusstseinstrübung – bis hin zum Schock. Für alle Fälle sollten Sie immer Traubenzucker, Bonbons oder ein süßes Getränk bei sich haben.

Wirkungsweise von Medikamenten bei Typ-2-Diabetes

Ansatzpunkt und Effekt	Wirkstoffklasse	Beispielpräparat	Einnahmeform	Gewichtseffekt
Die Körperzellen sind zu wenig empfindlich für Insulin (Insulinresistenz): Das Medikament macht die Zellen wieder empfindlicher.	Biguanide (Metformin) – *häufig kombiniert mit anderen Wirkstoffen*	Glucophage®, *div. Kombipräparate*	Tablette, nach Hauptmahlzeit	leichte Abnahme
	Glitazone	Actos®	Tablette, 1-mal täglich	Zunahme
Die Bauchspeicheldrüse schüttet zu wenig Insulin aus: Das Medikament fördert die Ausschüttung ... ... unabhängig vom Blutzucker.	Sulfonylharnstoffe (z. B. Glimepiride), Glinide	Amaryl® Starlix® NovoNorm®	Tablette, 1-mal täglich bei Glimepirid, sonst zur Hauptmahlzeit	Zunahme
... abhängig vom Blutzuckerwert.	Inkretin-Verstärker wie Gliptine	Onglyza® Januvia® Xelevia®	Tablette, 1 bis 2-mal täglich	neutral
... abhängig vom Blutzuckerwert und hemmt auch den Appetit.	Inkretin-Mimetika wie Exenatide, Glutide (GLP-1-Analoga)	Byetta® Bydureon® Victoza® Trulicity®	Spritze, täglich oder wöchentlich	starke Abnahme
Nach dem Essen treten zu hohe Blutzuckerwerte auf: Das Medikament verzögert die Aufnahme von Glukose ins Blut.	Alpha-Glucosidase-Hemmer wie Acarbose	Glucobay®	Tablette, zu Beginn der Mahlzeit	neutral
Der Blutzuckerspiegel ist zu hoch: Das Medikament fördert die Zuckerausscheidung mit dem Harn.	Gliflozine (SGLT-2-Hemmer)	Forxiga® Jardiance®	Tablette, 1-mal täglich	mittlere Abnahme
Wenn Tabletten nicht mehr reichen.	Insuline (kurz, lang oder ultralang wirksam)	diverse	Spritze, Pen	Zunahme

Übergewicht im Fokus der Behandlungerapie

In letzter Zeit hat sich bei Medikamenten für Typ-2-Diabetiker einiges getan. Es sind Mittel mit neuartigen Wirkansätzen auf den Markt gekommen. Übergewicht steht mittlerweile mit im Fokus der Behandlung. Eine zeitgemäße Therapie mit modernen Arzneimitteln kann dabei viel leisten. Manche Diabetologen sprechen deshalb zu Recht von einer Revolution bei der Behandlung. Die Forschungsergebnisse der vergangenen zehn Jahre sind bahnbrechend. Es gibt jetzt mehrere neu entwickelte Medikamente, allen voran die Gliflozine. Diese senken nicht nur den Blutzucker, sondern haben nachweislich eine Fülle von positiven Effekten: Beispielsweise scheinen sie das Infarktrisiko deutlich zu senken.

Nie wieder Insulin spritzen

Zusammen mit den neuen Erkenntnissen der Ernährungstherapie eröffnen sie Betroffenen die Chance abzunehmen. Für Millionen Menschen bedeutet dies, dass sie in ihrem Leben nie mehr Insulin spritzen müssen oder erst im höheren Alter eine mildere Form des Diabetes mit einer einfachen Tablettentherapie behandeln können. Ein Riesenfortschritt!

Ein Medikamentenwechsel lohnt

Vor allem für übergewichtige Typ-2-Diabetiker und solche, denen von Anfang an oder als erste Maßnahme Insulin verordnet wurde, lohnt sich der Medikamentenwechsel. Denn der frühzeitige Einsatz von Insulin ist bei Diabetes Typ 2 nicht mehr zeitgemäß. In Studien konnte bewiesen werden, dass insbesondere das Mahlzeiteninsulin (siehe Seite 28 „Das Basis-Bolus-Prinzip") zu enormen Gewichtszunahmen führen kann. Durch die neuen Substanzen lässt sich der Teufelskreis der dick machenden Medikamente jetzt erstmalig durchbrechen. Der Wirkmechanismus ist dabei denkbar simpel: Die Gliflozine sorgen nur dafür, dass der Zucker im Blut über die Niere vermehrt ausgeschieden wird. Dadurch wird der Körper täglich unter Umständen 70 bis 80 Gramm Zucker los, was auch den Gewichtsverlust erklärt. Zwei bis vier Kilo pro Jahr sind durchaus drin. Der frühe Einsatz von Ernährungstherapie und Gliflozinen in Verbindung mit gewichtssenkendem Metformin kann die Insulintherapie um Jahre hinausschieben. Nebenwirkungen sind selten, Gliflozine verursachen allenfalls eine Neigung zu Harnwegsinfekten. Auf der Positivseite stehen dafür die Abnahme des Risikos für Herzinfarkt und Schlaganfall und die Blutzuckersenkung ohne Unterzuckerung in Verbindung mit Gewichtsverlust.

Glutide machen schlank, weil sie den Appetit hemmen

Neu sind auch Diabetesspritzen, mit denen man abnimmt, die sogenannten Glutide. Damit können Patienten im Durchschnitt sieben Kilo Gewichtsverlust pro Jahr erreichen. Man nennt sie auch GLP-1-Analoga, denn sie wirken ähnlich wie das körpereigene Darmhormon GLP-1, das bei vielen Typ-2-Diabetikern nicht ausreichend gebildet wird. Es nimmt eine zentrale Stellung bei der Regulation von Hunger und Blutzucker ein: Nach dem Essen meldet GLP-1 dem Gehirn Sättigung. Zugleich aktiviert es die Bauchspeicheldrüse zur Insulinfreisetzung. Die Folge ist

Die Ernährungs-Docs

Diabetiker sollten sich regelmäßig gegen Grippe impfen lassen. Weil Diabetes zu den chronischen Erkrankungen gehört, bei denen eine Grippe besonders schwer verlaufen kann, rät die Ständige Impfkommission (STIKO) zu diesem Schutz. Der beste Zeitpunkt dafür sind Oktober und November, der Start der Grippesaison. Als Standard wird ein Vierfach-Impfstoff empfohlen.

eine Blutzuckersenkung mit einer Appetithemmung. Die beste Wirkung entfalten Glutide bei besonders übergewichtigen Menschen. Sie erreichen im Bauchbereich und in der Leber das Abschmelzen von Fett, senken den Blutdruck und mindern das Risiko für Arterienverkalkung.

Kleine Nachteile, enorme Vorteile

Ein Nachteil besteht darin, dass sie täglich oder wöchentlich ins Fettgewebe gespritzt werden müssen. Durch die starke Sättigungswirkung spüren manche Patienten Übelkeit – aber das ist ein kleiner Nachteil, wenn man die enormen Vorteile bedenkt. Außerdem legt sich das meistens mit der Zeit. Mit den Gliptinen können Ärzte Diabetes quasi ursächlich behandeln, denn sie hemmen den Abbau des körpereigenen GLP-1. So unterstützen die Tabletten die Insulinfreisetzung und mindern den Appetit. Die Gliptine wirken damit ganz ähnlich wie die Glutide, nur eben nicht so stark. Aus diesem Grund sollten Patienten es erst mit Gliptinen versuchen und wenn diese nicht wirken zu Glutiden greifen. Gliptine verringern zwar nicht das Gewicht, aber sie steigern es auch nicht.

Sulfonylharnstoffe möglichst meiden

Sulfonylharnstoffe sollten möglichst nicht mehr zum Einsatz kommen, weil sie dazu führen, dass die Leistung der Bauchspeicheldrüse nach wenigen Jahren nachlässt, sodass Insulin gespritzt werden muss. Zudem bergen sie genau wie Insulin das Risiko von Unterzuckerungen und können eine massive Gewichtszunahme bewirken. Beides zu vermeiden, ist heute ein sehr wichtiges Therapieziel.

Auch im Bereich der Insulintherapie gibt es Fortschritte. Typ-1-Diabetiker kommen am künstlichen Insulin auf absehbare Zeit zwar nicht vorbei. Doch Forscher arbeiten daran, aus Stammzellen die insulinproduzierenden Betazellen nachzuzüchten, um sie verkapselt in der Bauchspeicheldrüse einzubauen.

So vermeiden Sie starke Blutzuckerschwankungen

Einigen Insulinpflichtigen machen starke Blutzuckerschwankungen zu schaffen – das hilft:

+ **Lipohypertrophien** („Stichhügel“) meiden: Tasten Sie ab, ob sich an den Stellen, an denen Sie am häufigsten einstechen, bereits Fettverdickungen gebildet haben. Wenn das der Fall ist, sollten Sie dort nicht mehr spritzen.
+ **Entzündungen** (CRP-Messung) und **Hormonstörungen** (besonders der Schilddrüse) beim Hausarzt ausschließen lassen.
+ Lassen Sie im Rahmen Ihrer nächsten Diabetes-Beratung die **Messtechnik checken:** Ist die Handhabung richtig? Haben Sie die Hände vorher gewaschen? Ist das Gerät in Ordnung?
+ Lassen Sie die **Handhabung des Spritzens checken.**
+ **Medikamentendosierung prüfen lassen** (beim Diabetologen): Stimmt die Dosis noch? Basistest machen – stimmt die Basis noch? Stimmt die Korrekturdosis noch?
+ **Spritz-Ess-Abstand** bei hohen Blutzuckerwerten nach dem Essen eventuell verlängern (in Absprache mit Diabetologe).
+ **Maximal zwei bis drei Hauptmahlzeiten** essen: Auf diese Weise kommt der Blutzucker zur Ruhe – ständiges Insulinspritzen, weil Sie zwischendurch zu Snacks greifen, lässt ihn schwanken.
+ **Mehr Eiweiß und Gemüse essen:** die perfekte Kombination für Diabetiker, da Eiweiß und Gemüse anhaltend sättigen und den Blutzucker nur gering ansteigen lassen. Das spart Insulin.

Neues aus der Forschung

Die Wissenschaft hat einige gute Nachrichten für Diabetes-Patienten. Lesen Sie hier aktuelle Erkenntnisse über die Erfolge von Ernährungsberatung, wie Mini-Chips bei drohender Unterzuckerung warnen, warum es weniger Operationen gibt oder wie Sie Ihr persönliches Risiko mit einem schnellen Test herausfinden können.

Früher Schutz für Kinder

Was führt in der kindlichen Entwicklung zu Diabetes Typ 1? Dieser Frage gingen US-Wissenschaftler für die „TEDDY“-Studie (= The Enviromental Determinants of Diabetes in the Young) nach. Das Ergebnis: Ein Typ-1-Diabetes beginnt sehr früh im Leben, wahrscheinlich schon im ersten Lebensjahr. Als weitere Erkenntnis fanden die Forscher heraus, dass die Gabe von Probiotika Kinder mit einem genetisch bedingt hohen Diabetes-Risiko in den ersten Wochen nach der Geburt möglicherweise davor schützen kann, dass die Erkrankung ausbricht.

Erfolgreiche Beratungen

Was hilft am meisten? Low Carb, Low Fat oder Ernährungstraining? In einer aktuellen Studie („DIETFITS-Studie“) lieferten sich Fett- und Kohlenhydratreduktion bei mehr als 600 übergewichtigen Probanden, die im Durchschnitt 40 Jahre alt waren und noch keinen Typ-2-Diabetes oder Folgekrankheiten hatten, ein Kopf-an-Kopf-Rennen. Die einen hatten mit weniger Fett, die anderen mit weniger Stärke Erfolg. Statt eines eindeutigen Siegers kristallisierte sich aber etwas anderes heraus. „Der wichtigste Faktor für einen Erfolg der Diät ist, dass sie durchgehalten wird, und hierbei half in erster Linie eine kompetente Ernährungsberatung“, berichtete das „Ärzteblatt“. „Von den Probanden, die das meiste Gewicht verloren hatten, hörten wir, dass wir ihnen geholfen hatten, ihre Beziehung zum Essen zu verändern und dass sie jetzt mehr darüber nachdenken, was sie essen“, sagt der Studienleiter Christopher Gardner.

Ohne Nadelstiche

Wer seinen Blutzucker regelmäßig misst, muss sich jedes Mal selbst piksen, um Blut aus dem Finger zu holen. Um diese unangenehme Prozedur zu vermeiden, gibt es neue Messmethoden. So lässt sich etwa die Tränenflüssigkeit mithilfe einer Kontaktlinse oder der Schweiß mit farbverändernder Tinte auf Glukose überprüfen. Diese neuen Methoden funktionieren ohne Nadelstiche.

Wie hoch ist mein Risiko?

Wer sein persönliches Diabetes-Risiko einschätzen will, kann einen vom Deutschen Institut für Ernährungsforschung in Potsdam-Rehbrücke entwickelten schriftlichen Test im Internet ausfüllen. Dabei geht es vor allem um die Lebensführung, die einen Schluss auf die gesundheitliche Entwicklung in den nächsten fünf Jahren zulässt. Den Test finden Sie unter www.dife.de/diabetes-risiko-test.

Insulin durch die Nase

Ist das die Lösung für zwei Probleme? Ein diabetologisches Forscherteam aus Tübingen hat herausgefunden, dass Insulin möglicherweise auch als Nasenspray wirkt. Im Rahmen einer Studie stellten die Wissenschaftler fest, dass das Hormon in Sprayform das Hungergefühl reduziert und die Insulinempfindlichkeit der Zellen verbessert, was vor allem bei Insulinresistenzen sehr wichtig ist.

Weniger Operationen

Amputationen zählen zu den schlimmen Spätfolgen von Diabetes. Zum Glück werden sie immer seltener durchgeführt. In Zusammenarbeit mit den gesetzlichen Krankenkassen stellte ein Team von Wissenschaftlern am Deutschen Diabetes-Zentrum in Düsseldorf fest, dass die Zahlen in den letzten Jahren rückläufig waren und jährlich um etwa vier Prozent abnehmen. Vor allem die sogenannten Major-Amputationen (alle oberhalb des Sprunggelenks) wurden mit einem Minus von elf Prozent deutlich weniger. Das liegt vermutlich an verbesserten Versorgungsstrukturen.

Diabetes-Chip schlägt Alarm

Mediziner der Uniklinik Jena implantierten Diabetes-Patienten erstmals einen Chip zur Blutzuckermessung. Per Sensor erkennt das Mini-Gerät, wenn der Betroffene unterzuckert ist, und macht mit Vibrationsalarm darauf aufmerksam. Der Chip ist vor allem für Typ-1-Diabetiker geeignet, die eine Unterzuckerung nicht mehr rechtzeitig wahrnehmen können.

Künstliche Bauchspeicheldrüse

Wäre es nicht möglich, ein System zu erfinden, das die Arbeit der Bauchspeicheldrüse übernimmt? Wissenschaftler forschen bereits daran. Die „künstliche Bauchspeicheldrüse" für Typ-1-Diabetiker hilft bei der Kontrolle der Glukosewerte. Solche Geräte messen den Zucker im Gewebe selbstständig und setzen über eine Pumpe Insulin frei. Sie werden schon länger im Rahmen von Studien erprobt, sind aber noch nicht zugelassen. Wissenschaftler aus Griechenland und Großbritannien konnten jetzt belegen, dass das System zu weniger Unterzuckerungen führt als der Einsatz einer Insulinpumpe oder mehrere Spritzen täglich. In 24 Stunden reduzierte es Überzuckerungen um zwei Stunden und Unterzuckerungen um 20 Minuten. Da das Gerät sehr teuer ist, sind noch weitere Studien zum Kosten-Nutzen-Verhältnis nötig.

Gefahr in der Schwangerschaft

Bei mindestens vier Prozent der werdenden Mütter tritt ein Schwangerschaftsdiabetes auf: Der Zuckerstoffwechsel gerät aus den Fugen – meist nach dem fünften Monat. Der zu hohe Blutzuckerspiegel kann zu Komplikationen bei Mutter und Kind führen. Umso wichtiger ist eine geeignete Therapie.

Gefährdet sind vor allem übergewichtige Frauen und Schwangere, die rapide zunehmen. In der zweiten Schwangerschaftshälfte steigt der Insulinbedarf an – ausgelöst durch die Schwangerschaftshormone, die dem Insulin entgegenwirken. Die Bauchspeicheldrüse kann nicht mehr mithalten (siehe Seite 14). Zwar pendeln sich die Blutzuckerwerte nach der Geburt meist von selbst wieder ein. Doch Gestationsdiabetes, wie Mediziner diese Form nennen, ist ein Warnschuss: Etwa jede zweite Betroffene entwickelt in den folgenden acht Jahren einen Typ-2-Diabetes.

Diabetes beim Ungeborenen

Hohe Blutzuckerwerte steigern bei der werdenden Mutter das Risiko für Bluthochdruck und Harnwegsinfekte, für vorzeitige Wehen oder eine Frühgeburt. Auch das Ungeborene bekommt den hohen Zuckerspiegel mit, seine Bauchspeicheldrüse arbeitet auf Hochtouren. Das Insulin bremst die Reifung von Organen wie Leber, Niere oder Lunge, zugleich aktiviert es den Aufbau von Fettgewebe und Muskeln. Das Kind wird groß und schwer, es kann auf deutlich über 4000 Gramm Geburtsgewicht kommen. Kaum auf der Welt, sind die Kleinen erst einmal unterzuckert. Und haben später ein deutlich erhöhtes Risiko für einen Typ-2-Diabetes: Jedes fünfte betroffene Kind entwickelt bis zum 20. Lebensjahr einen gestörten Glukosestoffwechsel. Wer stillt, kann das Risiko für Diabetes und Übergewicht senken. Laut mehreren Studien ist eine gesunde Ernährung (siehe ab Seite 40) das beste Mittel für Schwangere, um Blutzuckerentgleisungen und einer übermäßigen Gewichtszunahme vorzubeugen.

Kinderwunsch bei Diabetes

Frauen, die bereits einen Diabetes haben, stehen vor besonderen Herausforderungen, wenn sie sich Kinder wünschen. Eine gute Zuckereinstellung ist dabei der beste Schutz. Diabetikerinnen sollten eine Schwangerschaft soweit wie möglich planen und sich fachmedizinisch beraten lassen, damit von Beginn an eine optimale Stoffwechseleinstellung gewährleistet ist. Diabetische Folgeerkrankungen an Augen, Nieren und Nerven können sich in der Schwangerschaft verschlechtern. Bei Typ-1-Diabetikerinnen besteht vor allem im ersten Schwangerschaftsdrittel eine erhöhte Gefahr für schwere Unterzuckerungen. Bei schlechten Blutzuckerwerten vor und in der frühen Phase der Schwangerschaft sind Fehlgeburten möglich, außerdem auch Fehlbildungen beim Kind, insbesondere an Herz, Nervensystem und Lungen. Wenn ein Kinderwunsch besteht, ist laut den Behandlungsleitlinien bei den Patientinnen ein $HbA1_c$ Wert von unter 6,5 Prozent anzustreben.

Die Ernährungs-Docs

Ganz wichtig für Typ-2-Diabetikerinnen: Blutzuckersenkende Tabletten sind in der Schwangerschaft absolut tabu! Es bleibt nur die Umstellung auf Insulin. Oder noch besser: auf eine geeignete Ernährung und mehr Bewegung. Sowohl überschüssige Pfunde als auch den Diabetes loswerden – das erleichtert die Schwangerschaft.

Schwangerschaftsdiabetes als Weckruf

Die gute Nachricht lautete: „Sie bekommen ein Baby.“ Doch der Arzt hatte auch eine schlechte Nachricht. Rosi T. erfuhr, dass sie bereits Diabetes hatte und ihr Kind damit gefährdete. Das gab der werdenden Mutter die nötige Motivation, um endlich auf gesunde Weise nachhaltig abzunehmen.

Ernährungs-Doc Matthias Riedl klärt über wichtige Ernährungsregeln auf.

Eigentlich wollte Rosi T. immer schon abnehmen. Die 28-jährige Fremdenverkehrskauffrau war seit ihrer frühen Jugend übergewichtig und hatte schon diverse Diäten ausprobiert. Alles war dabei – von der Kohlsuppendiät über Pulvershakes aus der Drogerie bis zu einer Mitgliedschaft bei den Weight Watchers. Ein langfristiger Erfolg hatte sich nicht eingestellt. Es blieb letztlich ein Gewicht von 85 Kilo bei 1,65 Meter Größe. Neue Motivation bekam Rosi T. unerwarteterweise durch eine Untersuchung bei ihrem Gynäkologen. Sie war schwanger geworden, worüber sie sich sehr freute. Allerdings lagen die Blutzuckerwerte morgens bereits bei 110 mg/dl. Die Diagnose: Gestationsdiabetes. Ein Schock! Nach der Überweisung in die Diabetes-Schwerpunktpraxis mit angeschlossener Ernährungsmedizin erfuhr sie, dass sogar Insulin nötig sei, damit das Baby gesund zur Welt kommt. Zwar nur eine Spritze am Abend, aber immerhin. Die Alternative: eine Umstellung der Ernährung.

Rosi T. ließ ihre Essgewohnheiten analysieren. Das Ernährungstagebuch offenbarte: Sie war ein Kohlenhydratjunkie – viel Brot, viel Obst, Süßigkeiten und Kekse. Eiweiß spielte kaum eine Rolle in ihrem Speiseplan – kein Wunder, dass der Heißhunger sie häufig überkam. Riegel und Kekse lieferten ihr im Büro den schnellen Kohlenhydratkick. Und die Ernährungsfachleute machten noch weitere Ursachen für ihr Übergewicht ausfindig: Erstens trank sie zu wenig. Mit einem Liter am Tag lag sie deutlich unter der Empfehlung (siehe Seite 53), die Gefahr der Verwechslung von Durst mit Hunger war groß. Und zweitens kam bei ihr gesundes Gemüse als magenfüllende Beilage selten auf den Teller. Nachdem sie mehrere der vorgeschlagenen Varianten ausprobiert hatte, fand Rosi die für sie geeignete Ernährung: Joghurt mit Nüssen und ein Glas Milch zum Frühstück, der Salat am Mittag wurde mit Käse oder Fisch oder kleinen Fleischstreifen zu einer deutlich länger sättigenden Mahlzeit. Und am Abend gab es mehr Käse, dafür weniger Brot. Auf dem Schreibtisch von Rosi steht jetzt immer eine große Kanne Tee, natürlich ungesüßt.

Die Ernährungsumstellung zeigte bei Rosi T. schnell Erfolge: Schon nach wenigen Wochen konnte sie das Insulin absetzen. Trotz Schwangerschaft nahm sie nicht weiter zu. Sie gebar ein gesundes Kind und hat nach dem Abstillen ihr Wunschgewicht von 60 Kilo erreicht. Besonders freut sich Rosi T., dass sie ihr Diabetes-Risiko für die nächsten Jahrzehnte drastisch gesenkt hat. Und auch für ihr Kind konnte sie das spätere Diabetes-Risiko vermindern: durch ihre Ernährungsumstellung in der Schwangerschaft und durch das Stillen.

Diabetes bei Kindern

Wenn Kinder an Diabetes erkranken, liegt meistens Typ 1 vor. Doch die Zahl der Kinder und Jugendlichen mit Typ 2 steigt beständig. Je früher die Krankheit einsetzt, desto schlechter ist die Prognose. Gerade in diabetisch vorbelasteten Familien ist Vorbeugen deshalb extrem wichtig.

2015 machte ein Fall aus den USA weltweit Furore: Ärzte diagnostizierten dort bei einem dreieinhalbjährigen Mädchen Typ-2-Diabetes. Die Kleine wog 35 Kilo. Mittlerweile trifft das typische Risikoprofil für den sogenannten Altersdiabetes auf immer mehr Kinder und Jugendliche zu: Bewegungsmangel, viel süßes und fettiges Essen, Übergewicht.

Typ-1-Kinder sind dagegen selten übergewichtig. Gesunde Ernährungsgewohnheiten sind aber auch für sie enorm wichtig: Sie helfen, Blutzuckerschwankungen und hohe Insulindosen zu reduzieren. Langfristig begünstigt das nämlich ein normales Gewicht und die Spätfolgenprognose.

Auf das Gewicht achten

Die Obergrenze für das Normalgewicht eines Schulkinds ist nach einer Faustregel Größe des Kindes in Zentimeter minus 100. Ein Achtjähriger etwa, der 1,28 Meter misst und 32 Kilo wiegt, hat somit deutlich Übergewicht. Dass sich der „Babyspeck schon noch verwächst", ist bei Kindern ab dem Grundschulalter eine Illusion. Sind Sie unsicher, ob alles im grünen Bereich ist? Scheuen Sie sich nicht, Ihren Haus- oder Kinderarzt anzusprechen. Bei Kindern mit massivem Übergewicht sollte außerdem rechtzeitig abgeklärt werden, ob eine Essstörung oder eine hormonelle Ursache mitverantwortlich ist.

Wie Kinder richtig essen (lernen)

Der Grundstein für Ernährungsgewohnheiten wird in der Kindheit gelegt. Die Eltern sind auch hierbei die besten Vorbilder.

- **Essen ist bewusster Genuss.** Nicht vor dem Fernseher oder unterwegs nebenbei konsumieren – besser in Ruhe am gedeckten Tisch. Möglichst die ganze Familie gemeinsam.
- **Regelmäßigkeit zählt.** Frühstück, Mittag- und Abendessen sind Hauptmahlzeiten – bitte keine davon überspringen.
- **Gemüse gibt's jeden Tag.** Dazu eine abwechslungsreiche, ausgewogene Mischkost.
- **Selbst kochen hält schlank.** Fertiggerichte und -mischungen enthalten versteckte Zucker und ungesunde Fette. Beliebte Mahlzeiten wie Nudelgerichte, Eierspeisen oder Salate sind kinderleicht zuzubereiten.
- **Fast Food bleibt die Ausnahme.** Einmal pro Woche ist aber in Ordnung.
- **Süßes und Knabberkram sind „Luxus".** Um das Kalorienkonto nicht zu überziehen, gibt es davon nur 1 Handvoll am Tag. Achtung: Nuss-Nougat-Creme, Marmelade, fertige Fruchtjoghurts und Co. zählen mit in der Süßbilanz.
- **Zu jeder Mahlzeit gehört ein Getränk.** Und zwar Leitungswasser oder ungesüßter Tee. Milch, Säfte, Softdrinks sind Kalorienbomben und als Durstlöscher nicht geeignet.

Die Ernährungs-Docs

Kinder überzeugt man mit Spaß und Fantasie. Greifen Sie also zum Plätzchenausstecher und stanzen Sie Motive aus Gurken- oder Käsescheiben. Schnitzen Sie dem Apfelstück Haifischzähne. Garnieren Sie einen selbst gemachten Fruchtquark mit einem Gesicht aus Beeren. Oder legen Sie ein „Tellergesicht" aus Brot, Eihälften und Rohkost.

Was Kinder brauchen

Auch für den Nachwuchs gilt: Am besten ist eine ausgewogene Kost mit reichlich Gemüse und täglich Obst, dazu in Maßen Fleisch, Fisch und Milchprodukte. Der Kohlenhydratanteil darf allerdings etwas höher sein, da die Kinder Energie für ihr Wachstum benötigen. Bärchenwurst, Puddings mit Comic-Helden, Softdrinks mit Sammelstickern: Die Industrie lässt sich einiges einfallen, um junge Kunden zu ködern. Doch solche Fertigprodukte sind nährwertmäßig alles andere als kindgerecht. Lassen Sie sie links liegen – aber übernehmen Sie das Prinzip! Werden Sie kreativ beim Anrichten gesunder Mahlzeiten. Und bleiben Sie hartnäckig: immer wieder Gemüse anbieten, auch als Rohkost zwischendurch.

Begeistern Sie Ihre Kinder für gesundes Essen!

Elfjähriger rudert erfolgreich gegen Diabetes an

Julius, elf Jahre, liebte Computerspiele – wie viele seiner Altersgenossen. Ihm wurde die Stubenhockerei allerdings zum Verhängnis. Innerhalb weniger Jahre baute er 17 Kilo Übergewicht auf. Von beiden Eltern war er mit einer Diabetes-Neigung vorbelastet und so wunderte es den Hausarzt nicht, dass Julius' morgendlicher Blutzuckerwert mit 128 mg/dl deutlich im Diabetes-Bereich lag.

Julius hatte Glück, seine Eltern engagierten sich mit ihm. Die ganze Familie unterzog sich einer Analyse ihrer Ernährungsgewohnheiten. Durch eine Ernährungsumstellung nahmen die Eltern innerhalb eines Jahres rund zehn Kilo ab, und auch Julius verlor acht Kilo. Dabei half, dass er im Ruderclub einen Schnupperkurs gemacht hatte: Der gefiel ihm so gut, dass er bald das regelmäßige Training aufnahm. Optimierte Ernährung, weniger einfache Kohlenhydrate, mehr Bewegung: Diese Kombination hat Julius' Schicksal entscheidend geändert. Die Blutzuckerwerte lagen nach einem Jahr im absolut normalen Bereich.

Der glückliche Verlauf sollte jedoch nicht darüber hinwegtäuschen, dass erhöhte Blutzuckerwerte und Diabetes im Kindesalter meist bleibend sind. In jedem Fall gilt es, die Werte gut im Auge zu behalten, da die Diabetes-Neigung fortbesteht. Man versucht, die Krankheitsentwicklung zu verzögern – durch mehr Fitness und optimierte Ernährung. Die Mitwirkung der ganzen Familie, vor allem der Eltern, ist dabei ernorm wichtig. Noch besser ist Vorbeugen – mit guten Ernährungsgewohnheiten von Beginn an.

ESSEN BEI DIABETES

Gut essen und dabei die Blutzuckerwerte senken – das ist kein Widerspruch! Wer Diabetes hat oder der Krankheit vorbeugen will, braucht keine spezielle Diät und muss auch nicht auf Genuss verzichten. Verbote gibt es nicht mehr. Stattdessen gilt: alles im richtigen Maß! Wie das geht, zeigen Ihnen die Ernährungs-Docs auf den nächsten Seiten.

Ernährungsumstellung: So gelingt sie!

Die gute Nachricht vorweg: Eine Ernährungsumstellung ist keine Diät und hat nichts mit Hungern zu tun! Stattdessen geht es darum, ungesunde Gewohnheiten konsequent und nachhaltig durch gesündere zu ersetzen. Sie werden sehen: Schon bald stellen sich auch bei Ihnen erste Erfolge ein.

Sie wollen sich besser ernähren und wohler fühlen? Überflüssige Kilos sollen runter, und zwar nachhaltig? Dann brauchen Sie eine Ernährung, die zu Ihrer Lebensweise passt, Sie satt macht und Ihnen schmeckt. Eine dauerhafte Ernährungsumstellung leistet genau das: Im Einklang mit Ihren Vorlieben wird variiert, welche Lebensmittel Sie öfter essen sollten und welche seltener.

Schon kleine Veränderungen machen manchmal viel aus. Wenn Sie zum Beispiel unnötige versteckte Zucker umgehen, können Sie meist etliche Kalorien sparen – und damit Insulin oder Medikamente.

Diätfalle und Jo-Jo-Effekt umgehen

Wer schon einige Diäten ausprobiert hat, weiß: Einseitige Ernährungsformen und Hungerkuren sind selten langfristig von Erfolg gekrönt – meist stellt sich nach kurzer Zeit der berühmte Jo-Jo-Effekt ein. Radikaldiäten lassen die Pfunde zwar purzeln, aber zum großen Teil über Muskelabbau.

Dummerweise sinkt dadurch auch der Grundumsatz (siehe Seite 21). Die Fettzellen hingegen werden nicht abgebaut, sondern entleeren sich nur. Fällt man nach der Diät wieder in alte Essgewohnheiten zurück, ist das Ausgangsgewicht sogar ruck, zuck überschritten. Denn der Körper sieht zu, seine wertvollen Fettreserven wieder aufzufüllen und nach Möglichkeit noch ein paar zusätzliche draufzulegen. Das Muskeldefizit dagegen bleibt.

Die Ernährungs-Docs

Eigenverantwortung für die Gesundheit heißt: Es geht nicht ohne gelegentlichen Verzicht. Seien Sie streng mit sich, aber nicht zu streng! Ausnahmen sind erlaubt. Totalverbote gibt es nicht, denn sie sind schlecht für die Motivation.

Diabetes-Kost ist gesund für alle

Eine nachhaltige Ernährungsumstellung hat als Ziel eine abwechslungsreiche und alltagstaugliche Vollkost, die satt macht. Um erfolgreich den Blutzucker zu stabilisieren und auf lange Sicht Gewicht zu verlieren, sind dabei drei Dinge nötig:

- komplexe Kohlenhydrate (siehe ab Seite 42),
- maßvoll Eiweiß zu jeder Mahlzeit (siehe Seite 46) und
- ausreichend gute Fette (siehe Seite 46).

Gesunde Kost für Diabetiker unterscheidet sich somit kaum von den modernen Ernährungsempfehlungen für jedermann. Unsere Ratschläge (siehe ab Seite 48) und Rezepte (siehe ab Seite 60) sind auch bestens für Partner und Familie geeignet.

Blutzuckersenkende LOGI-Methode

Ein sinnvoller ernährungsmedizinischer Ansatz zur Vermeidung von Blutzuckerschwankungen und -spitzen ist die LOGI-Methode. Die Abkürzung steht für „Low Glycemic and Insulinemic“, was niedriger Blutzucker- und Insulinspiegel bedeutet. Nach LOGI gehören insbesondere solche Lebensmittel auf den Teller, die den Blutzuckerspiegel kaum beeinflussen, damit wenig Insulin im Blut kursiert. So wird eine Kalorienspeicherung vermieden und dafür der Fettabbau

Schritt für Schritt umstellen

- Setzen Sie sich ein konkretes Ziel – etwa Ihr Wunschgewicht oder einen besseren $HbA1_c$-Wert. Informieren Sie Ihren Arzt und Ihren Partner darüber und schreiben Sie es in Ihr Ernährungstagebuch und Ihren Diabetiker-Gesundheitspass. Das schafft Verbindlichkeit.
- Analysieren Sie mit einem Ernährungsprotokoll (siehe Buchbeilage): Was und wie viel esse ich zu welcher Tageszeit?
- Ermitteln Sie die Motive für ungesunde Essgewohnheiten: Langeweile, Durst, Bequemlichkeit, Trostessen? Überlegen Sie, was Abhilfe schafft.
- Verschenken Sie alle Lebensmittel, die nicht mehr in Ihre Ernährungsweise passen. Öffnen Sie sich für Veränderungen: Experimentieren Sie mit Zutaten und probieren Sie ungewohnte Aromen. Bringen Sie Abwechslung in den Speiseplan!
- Schreiben Sie weiter Ernährungsprotokoll – so erkennen Sie, welche Nährstoffe tatsächlich auf Ihrem Teller landen. Kontrollieren Sie Ihr Gewicht, aber stellen Sie sich nicht *zu* oft auf die Waage: einmal wöchentlich reicht. Haben Sie das neue Prinzip dann in Ihrem Alltag etabliert, sind einzelne Ausreißer erlaubt. Was zählt, ist das langfristige Ziel.
- Treiben Sie Sport! So verbessern Sie Verdauung und Körpergefühl und bauen Spannungen ab. Jede Bewegung von gewisser Dauer und Intensität hilft (siehe Seite 22/23).
- Zu Beginn einer Ernährungsumstellung wegen Insulinresistenz ist oft eine mehrtägige Haferkur (siehe Seite 57) sinnvoll.

Auch bei der Arbeit ist gesundes Essen möglich.

Sie brauchen Unterstützung bei der Umstellung? Informationen zu spezialisierter Hilfe finden Sie im Anhang. Und: Fragen Sie Ihren Arzt unbedingt nach gewichtssenkender Diabetes-Medikation.

gefördert (siehe Seite 14). Der Ansatz ist ähnlich wie bei „Low Carb" (englisch: „low-carbohydrate diet" – Kohlenhydratminimierung), nur etwas gemäßigter. Basis der LOGI-Ernährung bilden Salate, Gemüse und zuckerarmes Obst sowie Omega-3-haltige Öle. Dazu gibt es ausreichend sättigendes Fleisch, Milchprodukte, Hülsenfrüchte und Nüsse (siehe Tabelle Seite 58/59).

Medikamente anpassen zum Abnehmen

Ganz wichtig: Diabetes-Therapie ist Teamarbeit zwischen Diabetiker und Fachleuten. Die Medikation muss parallel zu den Erfolgen der Ernährungstherapie angepasst werden. Sonst besteht die Gefahr, dass Sie nur mit angezogener Handbremse abnehmen oder heftige Unterzuckerungen bekommen.

Kohlenhydrate: Freund oder Feind?

Kohlenhydrate versorgen uns mit Energie. Einige lassen den Blutzuckerspiegel steil in die Höhe schnellen – andere sind aber für Diabetiker gut verträglich, ja sogar gesundheitsfördernd. Das Stichwort heißt: komplexe Kohlenhydrate. Man findet sie reichlich in Gemüse und Vollkornprodukten.

Von den drei Grundnährstoffen sind Kohlenhydrate die einzigen, die sich unmittelbar auf unseren Blutzuckerspiegel auswirken. Kohlenhydrate bestehen nämlich aus mehr oder weniger langen Ketten von Zuckerbausteinen oder -molekülen. Man teilt sie ein in Einfach-, Zweifach- oder Mehrfachzucker (siehe Seite 45). Wichtigster Baustein ist dabei Traubenzucker, auch bekannt als Blutzucker oder Glukose. Sie ist der Hauptbrennstoff für die Zellen: Allein unser Gehirn verbraucht am Tag rund 140 Gramm Glukose.

Einfache Kohlenhydrate sind Dickmacher

Kapriolen schlägt der Blutzuckerspiegel vor allem bei den einfachen Kohlenhydraten. Denn aus denen holt sich unser Verdauungssystem die Glukose in null Komma nichts. Beispiele sind Haushaltszucker, Honig, Fruchtsaft, Cornflakes, Weiß- oder Graubrot. Eine grobe Faustregel lautet: Je süßer ein Lebensmittel schmeckt, desto mehr solche „schnellen" Kohlenhydrate sind enthalten. Man sagt, einfache Kohlenhydrate haben einen hohen glykämischen Index. Das bedeutet, sie gehen schnell ins Blut.

Komplexe Kohlenhydrate sind Sattmacher

Langkettige Kohlenhydrate wie Stärke werden vom Körper langsamer aufgespalten. Diese sogenannten Mehrfachzucker gehen nicht ganz so schnell ins Blut über. Entscheidend allerdings ist der Gehalt an Ballaststoffen: Besonders langsam und gemäßigt steigt der Blutzuckerspiegel, wenn ein Lebensmittel davon genügend enthält, wie zum Beispiel bei Vollkornnudeln, -reis, -brot, Hirse oder Gemüse. Solche komplexen Kohlenhydrate haben einen niedrigeren glykämischen Index und sättigen deutlich länger.

Ballaststoffe regulieren

Ballaststoffe verbessern die Blutzucker- und Cholesterinwerte. Diese weitgehend unverdaulichen pflanzlichen Faser- und Quellstoffe enthalten praktisch keine Kalorien und sättigen dennoch gut. Dadurch wirken sie der Entstehung von Übergewicht entgegen. Weil sie im Verdauungstrakt quellen, stimulieren sie die Darmtätigkeit. Sie sind wichtig für eine gesunde Darmflora, durch die das Immunsystem gestärkt wird, reduzieren entzündliche Prozesse und senken das Darmkrebsrisiko. Um die 30 Gramm Ballaststoffe am Tag sollten Sie aufnehmen, je nach Verträglichkeit auch gern mehr. Ballaststoffbomben sind Hafer- oder Weizenkleie und Flohsamenschalen. Auch Pilze, Nüsse und Samen, wie etwa Leinsamen, enthalten

Hafer als Heilmittel

Besonders gut für Diabetiker sind Beta-Glukane, lösliche Ballaststoffe im Hafer: Sie können Blutzuckerspitzen abfangen und wirken der Insulinresistenz entgegen (siehe Seite 57). Zum Frühstück toll sind daher Haferflocken und Haferkleie – ob als Müsli, Porridge oder im Quark. Zwei bis drei Esslöffel Hafer können den Blutzuckerspiegel vormittags auf einem gesunden Niveau halten.

hohe Mengen. Dem Darm zuliebe sollte man aber nicht abrupt von wenig auf viel umstellen!

Aufpassen mit Obst

Auch für Diabetiker gilt die „Fünf am Tag"-Empfehlung, das heißt: täglich 5 Handvoll Obst und Gemüse essen. Denn sie liefern neben Ballaststoffen viele Vitamine, Mineralstoffe und entzündungshemmende sekundäre Pflanzenstoffe. Die Betonung sollte allerdings auf Gemüse liegen, es enthält – wie auch Pilze und Nüsse – besonders wenig Kohlenhydrate. In einigen Obstsorten (und in Mais) dagegen ist der Zuckeranteil recht hoch. Essen Sie also mindestens drei Portionen oder Handvoll Gemüse, ergänzt durch zwei Portionen zuckerarmes Obst! Gut sind zum Beispiel Beeren, Orangen, Äpfel oder Papaya – Bananen, Ananas oder Weintrauben enthalten viel Zucker, diese sollten Sie sparsamer verwenden (siehe Seite 58).

Süßgeschmack auf „Reset" stellen

Die Natur hat den Menschen auf süße Nahrung programmiert. Für unsere Vorfahren war die Sache klar: Süßes verheißt Energie und ist tendenziell nicht giftig. Heutzutage ist allerdings der Zucker selbst das Gift – durch Überdosierung. Seit den 1950er-Jahren hat sich unser Zuckerkonsum verdreifacht, viele Lebensmittel sind übersüßt. Das merken wir häufig nicht, denn unsere Geschmacksnerven sind an starke Süßung gewöhnt. Sie sind quasi „süßresistent" geworden.

Zum Glück kann man diesen Gewöhnungseffekt jedoch auch rückgängig machen: indem man wieder mehr naturbelassene, frische Lebensmittel isst. Etwa einen Naturjoghurt mit frischen Erdbeeren statt Fertigware aus dem Kühlregal. Anfangs möchten Sie vielleicht noch etwas Süßstoff hinzufügen, aber den sollten Sie allmählich reduzieren. Nach ein paar Wochen werden Ihnen fertige Fruchtjoghurts ganz schön zuckrig vorkommen!

Setzen Sie auf Gemüse und Vollkornprodukte!

Süßstoffe sparsam einsetzen

Wegen der Süßgewöhnung werden Süßstoffe nicht uneingeschränkt empfohlen. Diese künstlich hergestellten Substanzen (wie Saccharin oder Aspartam) sind zwar nahezu kalorien- und kohlenhydratfrei, sie erhöhen den Blutzucker nicht. Aber sie wirken möglicherweise appetitsteigernd – den Appetit auf Süßes halten sie in jedem Fall aufrecht. Gleiches gilt für die aus der Steviapflanze extrahierten Steviolglycoside.

Bewusst naschen!

Zucker sollte Luxus sein: Denn hoher Konsum kostet auf Dauer die Gesundheit. Vertretbar ist 1 Handvoll Süßes am Tag, wenn man sich ansonsten gesund ernährt und regelmäßig bewegt. Genießen Sie Ihren Luxus blutzuckertaktisch am besten nicht zwischendurch, sondern direkt nach einer Hauptmahlzeit.

Die Ernährungs-Docs

Jieper auf etwas Süßes? Nehmen Sie ein, zwei Tropfen Bitterstoffkonzentrat aus der Apotheke vom Handrücken ein. Durch den bitteren Geschmack lässt der Appetit schneller nach, sodass man weniger isst.

Versteckter Zucker und Zuckeraustauschstoffe

Die wahren Zuckerfallen im Alltag lauern in Fertigprodukten – selbst wenn sie als „zuckerarm“ beworben werden, ja selbst wenn sie nicht mal süß schmecken. Auch wer im Supermarkt die Zutatenliste liest, erkennt das nur mit Expertenwissen. Ein Wegweiser durch den Dschungel der Zusatzstoffe.

Salami, Kochschinken, Chips, Pilzsuppe aus der Tüte: Würden Sie darin Zucker erwarten? Vermutlich nicht. Aber in den meisten industriell verarbeiteten Lebensmitteln ist er enthalten – selbst in herzhaften. Viel Zucker steckt sehr oft in Fertigprodukten wie Dressings, Ketchup, Feinkostsaucen und -salaten.

Zucker konserviert, macht knusprig und „streckt“

Was Zucker für die Lebensmittelindustrie so interessant macht, sind neben seinem billigen Preis seine zahlreichen Talente. So eignet er sich prima zur Haltbarmachung. Zucker und seine Verwandten sind außerdem beliebt als „Streckmittel“. Das geschmacksneutrale Maltodextrin begleitet uns vom Frühstück bis zum Abendbrot: als Füllstoff, Schaumstabilisator oder Verdickungsmittel, als Fettaustauschstoff in kalorienreduzierten Lebensmitteln oder als Aromaträger. Es macht unsere Aufbackbrötchen krosser und das Gebäck fluffiger, steckt in Fertigsuppen, Fleisch- und Wurstwaren.

Zuckeraustauschstoffe bergen Tücken

Sie kaufen nur „zuckerreduzierte“ Sachen? Auch hier bitte aufpassen. Gemeint ist lediglich „weniger Haushaltszucker“ – dafür stecken meist umso mehr Zuckeraustauschstoffe drin. Sorbit(ol), Xylit und Co. enthalten Kohlenhydrate. Sie steigern den Blutzucker zwar langsamer als reiner Zucker, bei hoher Dosierung können sie allerdings abführend wirken.

Aufpassen bei Fruktose!

Auch Fruchtzucker (Fruktose) ist ein Zuckeraustauschstoff. Er ist deutlich süßer als Haushaltszucker. Deshalb finden wir ihn besonders in Fertigprodukten wie Softdrinks, Shakes oder Knabberkram, zum Beispiel als Glukose-Fruktose-Sirup. Früher wurde Diabetikern Fruktose empfohlen, da sie den Insulinspiegel nicht ansteigen lässt.

Die Kehrseite der Medaille: Mangels Insulinausschüttung bekommt das Gehirn auch nicht die Meldung „Süßhunger gestillt“. Fruktose wird in der Leber abgebaut, sie fördert laut Studien die Entstehung einer Fettleber (siehe Seite 26/27) und allgemein den Fettaufbau. Gerade Diabetiker sollten deshalb vorsichtig damit sein. Außerdem gehört Fruktose zu den Zuckerarten, die häufiger nicht vertragen werden und in großen Mengen Darmbeschwerden auslösen.

Wie Sie den wahren Zuckergehalt bei Produkten herausfinden

Künstlich zugesetzter Zucker muss in der Zutatenliste stehen. Er verbirgt sich hinter zahlreichen harmlos klingenden Namen, die häufig auf -ose enden. Zum Beispiel ist Laktose schlichtweg Milchzucker (siehe Tabelle rechts).

Aufschluss über den Gesamtzuckergehalt geben die Nährwerte, die auf der Packung aufgedruckt sind. Unter dem Gehalt an Kohlenhydraten steht, wie viel „davon Zucker“ ist – das heißt: ungesunde Ein- und Zweifachzucker.

Zuckerarten auf einen Blick

Deutscher Name	Lateinischer Name	Auch bekannt als	Natürliches Vorkommen, Herkunft und Besonderheiten	Chemische Form
Fruchtzucker	Fruktose	Laevulose	→ Natürlich in süßen Früchten → Bestandteil vieler Zuckergemische und -verbindungen, z.B. von Haushaltszucker → Auch als Zuckeraustauschstoff → Süßer als Traubenzucker	Einfachzucker
Glukosesirup, Fruktosesirup	Isoglukose	Maiszucker/-sirup, Stärkesirup/-zucker	→ Industriell aus Stärke hergestellt → Gemisch aus Traubenzucker und Fruchtzucker in veränderlichen Anteilen (Glukose-Fruktose-Sirup, Fruktose-Glukose-Sirup, HFCS)	Einfachzucker
Invertzuckersirup	Invertose	Invertzucker	→ Industriell hergestellt durch Auflösung (Inversion) von Saccharose → Gemisch aus je 50% Glukose und Fruktose	Einfachzucker
Schleimzucker	Galaktose		→ Natürlich als Baustein verschiedener Zuckerarten, z.B. des Milchzuckers	Einfachzucker
Traubenzucker	Glukose	Dextrose	→ Natürlich in süßen Früchten → Industriell hergestellt aus Kartoffel- oder Maisstärke → Im Körper als „Blutzucker" – wichtiger Treibstoff aller Zellen	Einfachzucker
Haushaltszucker	Saccharose	Rüben-, Rohrzucker	→ Natürlich in Zuckerrohr und -rüben → Besteht aus je 1 Glukose- und Fruktosemolekül	Zweifachzucker
Milchzucker	Laktose		→ In Milch und Milchprodukten → Besteht aus je 1 Glukose- und Galaktosemolekül	Zweifachzucker
Malzzucker	Maltose		→ Natürlich in Gerstenmalz, Bier, Zerealien → Industriell aus Stärke hergestellt	Zweifachzucker
	Maltodextrin		→ Industriell aus Stärke hergestellt → Gemisch verschieden langer Glukoseketten – nur schwach süß, aber sehr energiereich	Mehrfachzucker
Zuckeraustauschstoff	Sorbit, Mannit, Xylit, Maltit, Isomalt	E 420, E 421, E 967, E 965, E 953	→ Industriell aus verschiedenen Zuckerarten hergestellt → Werden bei der Verdauung langsamer verwertet und größtenteils unabhängig vom Insulin verstoffwechselt	Zuckeralkohol

Fett und Eiweiß als Sattmacher

Fett macht fett? Das gilt nicht mehr! Zusammen mit Eiweiß gehören gesunde Fette unbedingt im richtigen Maß auf den Speiseplan. Ernährungs-Doc Anne Fleck erklärt, was an den beiden Nährstoffen so wichtig ist und wie sie Ihnen beim Abnehmen helfen können.

Warum müssen wir auf das Eiweiß achten?

Eiweiße, auch Proteine genannt, sind lebenswichtiges Kraftfutter. Sie bestehen aus Aminosäuren, die teilweise nicht vom Körper selbst gebildet werden können und deshalb über die Nahrung aufgenommen werden müssen. Ohne adäquate Zufuhr würden wir Menschen sterben. Wir brauchen Eiweiße für das Immunsystem, den Aufbau von Zellen, Hormonen und Enzymen oder bei der Übertragung von Nervenreizen.

Wie viel Eiweiß ist gesund?

Der Proteinbedarf liegt bei 1 bis 1,2 Gramm pro Kilo Körpergewicht am Tag – bei Sportlern, Schwangeren und Stillenden um bis zur Hälfte höher. Für jemand, der 70 Kilo wiegt, wären das 70 bis 84 Gramm Eiweiß. Diese Dosis sollte man idealerweise auf drei Mahlzeiten verteilen. Also beispielweise zum Frühstück einen Früchtequark (siehe Tipp Seite 64) oder 1 Glas Vollmilch, 1 Ei und 1 Käsebrot, mittags Salat mit 1 Handvoll Nüssen und 1 Vollkornbrötchen, abends ein gedünstetes Fischfilet mit Gemüse oder Linsen mit Reis.

Und wenn man zu viel Eiweiß isst?

Dann „wehrt" sich der Körper in der Regel mit Symptomen, sodass wir automatisch die Zufuhr drosseln. Wichtig ist, bei mehr Eiweißaufnahme genügend zu trinken. Problematisch wird eine zu hohe Dosierung für chronisch Nierenkranke.

Ist tierisches oder pflanzliches Eiweiß gesünder?

Es kommt auf die biologische Wertigkeit an. Proteine vom Tier sind für uns gut verwertbar, da sie denen des Menschen ähneln. Von den pflanzlichen Eiweißquellen – etwa Hülsenfrüchten, Nusskernen, Kartoffeln – können viele unseren Bedarf an lebenswichtigen Aminosäuren nicht optimal decken, weil sie nur einzelne davon enthalten. Also: alle Eiweißlieferanten immer schön abwechslungsreich kombinieren! Beispielsweise Ei mit Kartoffeln.

Warum ist das Thema Eiweiß so wichtig, wenn man erfolgreich und nachhaltig abnehmen will?

Dafür gibt es mehrere Gründe. Proteine sättigen lang anhaltend, sodass weniger Heiß- und Süßhungerattacken entstehen. Sie erhöhen den Blutzucker nur gering und sparen dadurch dick machendes Insulin. Zudem wirken Eiweiße dem unerwünschten Abbau wertvoller Muskelmasse entgegen. Muskeln sind wichtig für den Grundumsatz (siehe Seite 21). Genug Eiweiß erleichtert gezielten Fettabbau. Daher ist es Bestandteil hochwertiger Formula-Diäten (siehe Seite 27).

Und wie sieht es mit den Fetten aus?

„Fett macht fett" gilt nicht mehr: Schädlicher als zu viel Fett ist ein Zuviel an Zucker! Gerade für Diabetiker. Vor allem die ungesunde Kombination aus Kohlenhydraten und Fett gilt es zu meiden.

Statt fettarm sollten wir uns also lieber fettbewusst ernähren?

Genau. *Gesunde* Fette sollten mindestens ein Drittel unserer Tageskalorien ausmachen. Denn Fette sind ebenso lebenswichtig für den Körper wie Proteine. Der Körper braucht sie als Grundbausteine für Hormone und für die Zellmembranen. Außerdem sind Nahrungsfette unentbehrlich als Geschmacksträger, Transportmittel für die fettlöslichen Vitamine A, D, E und K – und sie machen gut satt.

Stimmt es, dass vor allem die ungesättigten Fette gesund sind?

Ja, einige davon gehören unbedingt auf den Speiseplan, weil unser Körper sie nicht selbst herstellen kann. Das sind vor allem die mehrfach ungesättigten Fettsäuren wie Omega-3-Fettsäuren, zum Beispiel aus fettem Seefisch, und Omega-6-Fettsäuren. Transfettsäuren aus industrieller Herstellung stehen dagegen im Verdacht, die Insulinresistenz zu fördern.

Welches sind die „bösen Fette", von denen Diabetiker die Finger lassen sollten?

Abzuraten ist von Produkten mit der Zutat „pflanzliches Fett teilweise gehärtet": Sie kommen zum Beispiel in Billigmargarine, Nuss-Nougat-Creme, Kartoffelchips, Keksen, Blätterteig oder Fertigmenüs vor. Die teilweise gehärteten Fette aus industrieller Herstellung enthalten schlechte Transfettsäuren, welche Studien zufolge für die Entstehung von Herz- und Gefäßerkrankungen verantwortlich sind. Beim Fett geht es also immer auch um die Qualität!

Was ist mit tierischen Fetten?

Die gesättigten Fettsäuren, die meist vom Tier stammen – Ausnahme Kokosfett –, wurden zu Unrecht geschmäht. Fleisch, Eier und Sahne galten als gefäßschädigend. Inzwischen ist erwiesen, dass sie das Risiko für Herz-Kreislauf-Erkrankungen nicht beeinflussen. Im Gegenteil: Bei ihrem Verzehr steigt nur das gute HDL-Cholesterin, das das Herz schützt. Auch die Transfette aus der Butter gelten inzwischen als unbedenklich. Also nur zu – Butter bei die Fische!

In welchen Lebensmitteln finde ich die guten ungesättigten Fette?

Ungesättigte Fette wohnen überwiegend in Pflanzenölen und fettem Fisch. Hier ist noch mal die Unterteilung in einfach und mehrfach ungesättigte Fettsäuren wichtig, denn wir brauchen verschiedene Fettsäuren in den richtigen Anteilen. Die einfachen stecken beispielsweise in Olivenöl.

Bei den mehrfach ungesättigten Fettsäuren ist die Omega-Balance entscheidend: Wir sollten etwa doppelt so viel Omega-3-Fettsäuren konsumieren wie Omega-6. Das bedeutet: weniger Sonnenblumenöl, Maiskeimöl, Sojaöl, Distelöl benutzen – dafür mehr hochwertige Omega-3-Quellen wie Lein-, Hanf- und Walnussöl. Bitte auf die Verpackung achten: Solche wertvollen Öle sollten bio und kalt gepresst und zum Schutz der empfindlichen Omega-3-Fettsäuren unter Ausschluss von Licht, Hitze und Sauerstoff hergestellt sein (etwa im Omega-safe- oder Oxyguard-Verfahren).

In der Küche sollten also verschiedene Öle zum Einsatz kommen?

Unbedingt, und ganz wichtig: zum Braten nur hitzestabile Fette einsetzen! Ansonsten entstehen potenziell gefäßschädigende Transfette und krebserregende Substanzen. Kokosfett, Erdnuss- und Sesamöl sind beispielsweise problemlos hoch erhitzbar. Hochwertiges Olivenöl ist sehr empfehlenswert, sollte aber nicht über 180 °C heiß werden. Native und empfindliche Öle gehören in die kalte Küche: an Salate, Quarkgerichte oder grüne Smoothies.

Gesund durch den Tag mit 7 Regeln

Frühstück, Mittagessen, Abendessen, Snacks – wie kann ein gesunder Tagesplan aussehen? Mit welchem Essen spare ich unnötige Kalorien und werde trotzdem satt? Die Ernährungs-Docs geben Tipps, wie Sie Ihren Blutzuckerspiegel auf gesundem Niveau halten.

Auch als Diabetiker müssen Sie nicht ständig mit dem Taschenrechner die Nährwerte überprüfen – es reicht, wenn Sie sich gesunde Gewohnheiten zu eigen machen (siehe Seite 22) und die folgenden „Faustregeln“ kennen. Nur wer mahlzeitenabhängig Insulin im Rahmen einer ICT oder CT (siehe Seite 28) zuführt, kommt am Errechnen der Kohlenhydratanteile nicht vorbei (siehe Kasten rechts).

1. Komplexe Kohlenhydrate und Eiweiß zu jeder Hauptmahlzeit!

Gemüse oder Vollkorn und Eiweißquellen wie Fleisch, Fisch oder Milchprodukte sättigen nicht nur prima – sie bremsen sogar den Blutzuckeranstieg. Essen Sie diese vorweg bzw. zu Beginn einer Mahlzeit, dann wirken sie am effektivsten! Sie können so den Blutzuckerspiegel um bis zu 100 mg/dl senken, anders gesagt: etwa 2 BE neutralisieren. Ähnlich hilft laut neuen Studien 1 EL reines Molkenprotein (erhältlich im Internet). Insulinpflichtige sparen so Insulineinheiten und können ihre Einstellung verbessern.

Die Ernährungs-Docs

Eine ausreichende Eiweißzufuhr ist für Ihren Stoffwechsel ganz entscheidend! Es kommt nicht aufs Gramm an – Hauptsache, Sie kennen die Quellen und essen sie regelmäßig. Am proteinreichsten sind Hülsenfrüchte, Fleisch, Fisch und Käse – gut sind auch Nüsse, Quark und Vollkornprodukte (siehe Liste in der Buchbeilage).

2. Essensrhythmus einhalten

Versuchen Sie, wirklich regelmäßig zu essen mit drei Hauptmahlzeiten am Tag – manchen Menschen reichen zwei. Dazwischen tun einige Stunden Pause gut, also ein Fastenintervall: Nur in Abwesenheit von Insulin kann der Körper auf Fettverbrennung schalten (siehe Seite 14). Falls Sie ohne Zwischenmahlzeit nicht auskommen, dann probieren Sie weitgehend blutzuckerneutrale Snacks wie Knabbergemüse, Ei oder Nüsse (siehe Seite 58).

3. Zeit nehmen und satt essen

Ihr Magen fasst etwa die Menge von zwei bis drei Fäusten. So viel sollten Sie also zu einer Hauptmahlzeit essen, um angenehm satt zu werden. Kauen Sie gut und legen Sie ruhig zwischendurch kurz das Besteck beiseite. Denn die Botenstoffe der Verdauung, die das Sättigungssignal geben, werden erst nach 15 bis 20 Minuten freigesetzt.

4. Portionsgrößen über den Daumen peilen

Kombinieren Sie richtig, um dauerhaft satt zu bleiben!

Handvoll: Gemüse, Salat, Rohkost und Pilze füllen hervorragend den Magen und sind weitgehend blutzuckerneutral. Noch dazu versorgen sie uns mit Vitalstoffen und entzündungshemmenden Pflanzenstoffen. 2 Handvoll pro Hauptmahlzeit sind optimal.

Handteller: Für die klassischen Beilagen wie Reis, Kartoffeln, Nudeln oder Brot gilt: Die richtige Menge pro Mahlzeit passt auf die Mitte Ihrer Hand, den Handteller. Natürlich dürfen sich sportliche Diabetiker hier etwas großzügiger bedienen als Bewegungsmuffel.

Handfläche: Bei sättigenden Eiweißquellen wie Milchprodukten, Hülsenfrüchten (Linsen, Bohnen, Tofu) oder Fleisch und Fisch darf es wiederum etwas mehr sein – hier können Sie sich ungefähr an der Größe Ihrer Handfläche orientieren.

5. Frühstück: ausgeglichen starten

Bei vielen fährt der Blutzucker gleich morgens Achterbahn: Knusper- oder Früchtemüsli, Marmeladenbrot, Saft oder fertiger Fruchtjoghurt stecken voll Zucker. Das gilt auch, wenn Sie Bio-Ware kaufen, denn die Bio-Kennzeichnung sagt über den Zucker- oder Fettgehalt nichts aus. Gute Alternativen sind Haferbrei (Porridge) oder ein selbst gemischtes Müsli. Brotfans können unsere Low-Carb-Rezepte testen – ideal kombiniert mit herzhaftem Belag und Rohkost. Dr. Fleck empfiehlt einen sättigenden Frühstücksquark mit gesunden Ölen und Früchten (siehe Tipp Seite 64). Wer nur Flüssiges mag, mixt sich einen grünen Smoothie: So ist der Vitalstoffakku schon mal aufgeladen.

6. Selbst kochen macht schlank

Gönnen Sie Ihrem Körper eine vollwertige warme Mahlzeit. Wer einmal täglich frisch kocht, hat einen doppelten Gesundheitsvorsprung: mehr Nährstoffe und mehr Kontrolle. Denn in Fertiggerichten stecken nur zu oft gefäßschädigende Fette (siehe Seite 47), unnötiger Zucker (siehe Seite 44), reichlich Salz, Geschmacksverstärker, Konservierungsstoffe und Co. Kochen dauert zu lange? Dr. Riedl rät zu purem Tiefkühlgemüse: „Das erspart viel Vorbereitungszeit und ist genauso gesund wie frisches.“ Machen Sie von Beilagen, Suppen, Eintöpfen oder Aufläufen immer ein paar Portionen mehr, dann müssen Sie sie bei Bedarf nur noch erwärmen. Versuchen Sie unbedingt unsere leckeren Blitzrezepte (siehe Seite 120 und 162).

Genügend Proteine bremsen den Blutzuckeranstieg.

7. Abendessen: auf Ruhemodus vorbereiten

„Über Nacht sollten Sie mindestens zwölf Stunden Essenspause einhalten! Der Stoffwechsel schaltet dann um auf Wartungsbetrieb und Fettverbrennung“, sagt Dr. Klasen. Die Verdauungsarbeit sollte vorher beendet sein. Deshalb abends lieber leichte Kost: etwa ein gedünstetes Fischfilet oder ein Omelett mit Gemüse.

Was Sie über BE, KE und Co. wissen sollten

Wer zu den Mahlzeiten Insulin spritzt, dem begegnen einige wichtige Kürzel:

+ 1 BE (Berechnungseinheit, früher: Broteinheit) entspricht ebenso wie 1 KE oder KHE (Kohlenhydrateinheit) zwei Täfelchen Traubenzucker – das sind 10 bis 12 Gramm.
+ 1 BE oder KE lässt den Blutzucker um 30 bis 50 mg/dl ansteigen.
+ Es gibt handliche Büchlein und Apps fürs Smartphone, die bei der Berechnung helfen – und sogar Spiele, um BE/KE auswendig zu lernen.

Beachten Sie auch unsere Übersicht im Ernährungs- und Bewegungstagebuch (Buchbeilage)!

7 Superfoods gegen Diabetes

Sie machen nicht nur satt, sondern auch gesund. Es gibt zahlreiche Lebensmittel, die gegen die Zuckerkrankheit wirken, indem sie den Blutzuckerspiegel niedrig halten, gut sättigen und dazu beitragen, überflüssige Insulinausschüttungen zu vermeiden. Bringen Sie unsere sieben Anti-Diabetes-Lebensmittel möglichst oft auf den Tisch.

Haferflocken

Hafer wirkt sensibilisierend auf die Insulinzellen und lässt den Blutzucker sinken. Denn das Getreide enthält viel Eisen und spezielle Ballaststoffe, sogenannte Beta-Glukane, die verhindern, dass der Zuckerspiegel stark ansteigt. Auf 100 Gramm Hafer kommen 4,5 Gramm Beta-Glukan, das auch noch weitere gesundheitliche Vorteile hat: Es schützt zum Beispiel die Schleimhaut des Verdauungstrakts und senkt den Cholesterinspiegel (siehe Seite 42).

Brokkoli

Die grünen „Bäumchen" enthalten Senföl-Glykoside, die die Insulinresistenz positiv beeinflussen. Zu den Senfölen oder Senfölglykosiden gehört auch Sulforaphan, ein sekundärer Pflanzenstoff, der den Blutzuckerspiegel niedrig hält. Essen Sie den grünen Kohl am besten roh, blanchiert oder gedünstet. Dann bleiben die gesunden Sulforaphane erhalten.

Pfifferlinge und Champignons

Statt Stärke enthalten Pilze eine Zuckerart (Mannit), die als Zuckeraustauschstoff für Diabetiker geeignet ist. Eine aktuelle Studie der Penn State University zeigte, dass zum Beispiel Champignons – regelmäßig gegessen – die Darmflora so verändern, dass die Blutzuckerregulierung verbessert wird.

Eier

Auch Eier gehören zu unseren Top Sieben. Da sie den Cholesterinspiegel beeinflussen, hatten sie früher einen schlechten Ruf, sind aber inzwischen rehabilitiert. Man muss sie nicht jeden Tag essen, doch wer hin und wieder ein Ei auf den Tisch bringt, profitiert in mehrfacher Hinsicht davon. Zum einen enthalten Eier wichtige Vitamine und Mikronährstoffe, zum anderen halten sie als Eiweißpakete den Blutzucker stabil, sättigen sehr gut und wirken gegen Heißhunger.

Kichererbsen

Hülsenfrüchte wie Kichererbsen, Linsen, Bohnen und Co. enthalten Ballaststoffe, Proteine und sekundäre Pflanzenstoffe, die gegen Diabetes wirken. Kanadische Forscher stellten fest, dass das Risiko für Typ-2-Diabetes gesenkt wird, wenn die Patienten mehr Hülsenfrüchte und weniger Fleisch und Milchprodukte essen.

Walnüsse

Diabetiker sollten auf gesunde Fette achten, daher sind für sie Walnüsse und andere unbehandelte Nüsse eine gute Wahl. In ihnen stecken mehrfach ungesättigte Fettsäuren mit einem hohen Anteil an Omega-3-Fettsäuren, die eine blutzucker- und insulinsenkende Wirkung haben. Der Kohlenhydratanteil in der Nahrung lässt sich mit Nüssen senken: Mit 30 Gramm täglich gelang es Patienten im Rahmen einer Langzeitstudie, ihren Blutzuckerspiegel konstant zu halten.

Heidel- und Johannisbeeren

Ob Stachelbeeren, Johannis- oder Heidelbeeren – die kleinen Früchte spielen in der Diabetes-Forschung zunehmend eine Rolle. Vor allem Schwarze Johannisbeeren enthalten Ballaststoffe, die den Blutzucker- und den Cholesterinspiegel senken und das Gewicht regulieren.

Auswärts essen ohne Stress

Sie sind viel unterwegs oder müssen berufsbedingt oft auswärts essen? Eine Essenseinladung steht an? Wer Nährwerte einzuschätzen weiß, kann leicht das Richtige vom Büfett oder der Karte wählen. Beachten Sie dabei auch die Faustregeln für die Portionsgrößen. Oft wird zu viel serviert.

Im Zweifel autark sein

Wenn unklar ist, wann und wo Sie Ihre Energiespeicher wieder auffüllen können, hilft nur Proviant. Mit zwei Scheiben Vollkornbrot samt Belag und ordentlich Rohkost gehen Sie auf Nummer sicher. Oder mit einem grünen Smoothie plus Naturjoghurt oder Ei.

Im Rezeptteil des Buches (siehe ab Seite 60) finden Sie eine Auswahl an Gerichten für unterwegs. Nicht vergessen: Wasser oder eine Thermoskanne ungesüßten Tee einpacken!

Tipps für Insulinpflichtige

Wählen Sie Gerichte, deren Zuckergehalt sich einfach einschätzen lässt – zum Beispiel Nudeln oder Kartoffeln lieber pur als im Auflauf. Achten Sie auf eine große Gemüseportion oder einen Salat zum Essen.

Wer keine Unterzuckerung riskieren will, wartet ab, bis das Bestellte serviert wird und klar ist, ob es schmeckt – denn wenn die Insulindosis erst gespritzt ist, will Ihr Körper auch baldigst genügend Kohlenhydrate bekommen. Bei exotischen Zutaten oder unbekannten Speisen hilft notfalls die Annäherungstaktik – also nach dem Essen engmaschig messen, was der Zucker macht, und nachjustieren. Notieren Sie Ihre Erfahrungen fürs nächste Mal.

Unterwegs oder in der Kantine: Gemüse ist Trumpf!

Was nehme ich beispielsweise ...

... in der Kantine oder im Restaurant?

- \+ Vorab gern einen kleinen Salat mit Essig-Öl-Dressing oder eine klare Gemüsebrühe.
- \+ Fischfilet natur oder gegrillte Putenbrust mit viel Gemüse und Salzkartoffeln oder Reis.
- \+ Blattsalat mit Rohkost (Achtung: wenig Mais – zu viele Kohlenhydrate!) plus Feta, Mozzarella, Ei oder Schinken, dazu ein Vollkornbrötchen.
- \+ Am Büfett drei Komponenten wählen: Fleisch oder Fisch mit einer großen Gemüsebeilage und wenig Reis, Nudeln oder Kartoffeln.
- – Aufläufe, Pfannengerichte, Lasagne, Eintöpfe.
- – Paniertes wie Schnitzel, Chicken-Nuggets, Kroketten, Backcamembert, Fischstäbchen.
- – Fertigdressings und -saucen: am besten meiden.

... an der Imbissbude oder im Dönerladen?

- \+ Salat mit Schafskäse oder Thunfisch.
- – Döner, Gyros, Bratwurst, Currywurst, Pommes.

... beim Bäcker?

- \+ Belegtes Brötchen oder Baguette, möglichst Vollkorn, mit Aufschnitt, Käse, Ei.
- – Croissant, Mini-Pizza, Käsestange, Laugengebäck, süße Backwaren.

Zuckerfrei trinken

Unser Körper braucht über den Tag verteilt rund 2 Liter Flüssigkeit. Etwa 1,5 Liter davon sollten Sie durch Getränke decken. Wichtig: Setzen Sie auf kalorienfreie Durstlöscher wie Mineral- und Leitungswasser oder ungesüßte Tees. Vorsicht bei Alkohol, Milch, Softdrinks und Säften!

Die frühere Empfehlung, literweise zu trinken, ist glücklicherweise passé. Sechs bis sieben große Gläser reichen nach aktuellem Wissen als gesunde Trinkmenge – auch für Diabetiker. Mehr ist nur nötig bei akuter Überzuckerung und natürlich beim Sport, bei Hitze oder Fieber.

Neue Rituale schaffen

Da das natürliche Durstgefühl mit dem Lebensalter immer mehr nachlässt, ist es eine gute Gewohnheit, gleich nach dem Aufstehen mit einem großen Glas Wasser oder Tee in den Tag zu starten und zu jeder Mahlzeit ein kalorienfreies Getränk zu trinken. Smoothies (siehe ab Seite 67) zählen übrigens als Mahlzeit, sie sind keine Durstlöscher!

Kaffee: am besten schwarz

Kaffee dürfen Sie in Ihre Trinkmenge einrechnen. Bis zu drei Tassen (oder anderthalb Becher) am Tag sind durchaus gesund! Blutzuckerneutral ist Ihr Muntermacher allerdings nur ohne Milch (Laktose!), Zucker oder Sirup.

Flüssiges Naschwerk

Um die flüssigen Kalorien aus Cola, Limonaden, Milchshakes und Eistee sollten Sie einen möglichst großen Bogen machen. Light-Getränke sind gelegentlich eine Alternative, aber keine Dauerlösung (siehe Seite 55). Im Grunde gilt: Alles außer Wasser, purem, ungesüßtem Tee und Kaffee ist kalorienmäßig als Nascherei einzustufen – und kommt besser nur ab und zu als Luxus auf den Speiseplan!

Alkohol: die Blutzucker-Achterbahn

Gelegentlich ein kleines Bier (0,3 l) oder ein halber Schoppen Wein (0,125 l) sind auch für Diabetiker meist in Ordnung. Aber Achtung, wenn Sie Insulin nehmen: Während die Leber Alkohol abbaut, stoppt sie die Zuckerausschüttung und die Zuckerneubildung. Als mögliche Folge droht Unterzuckerung! Wenn Sie abends Alkohol getrunken haben, sollten Sie daher lieber mit einem etwas höheren Blutzuckerwert schlafen gehen. Auf diese Weise riskieren Sie nachts keine schwere Unterzuckerung.

Null Kalorien, viel Geschmack

Gesunde Erfrischungen sind im Nu selbst gemacht: Sie brauchen nur eine große Karaffe, am besten mit Sieb.

Für **Wellness-Wasser** geben Sie einige Scheiben frisches Obst oder Gemüse und/oder Kräuter in gut gekühltes Wasser. Beispielsweise eine unbehandelte Zitrone oder Orange und etwas frische Pfefferminze oder Zitronenmelisse. Ein Stück geschälter Ingwer macht es würziger. Auch sehr aromatisch: Gurkenscheiben und Basilikumblättchen!

Für **Eistee** kochen Sie eine Kanne grünen Tee oder Kräutertee und stellen ihn über Nacht kühl. Gießen Sie ihn dann in die Karaffe und fügen Zitronensaft oder Obstscheiben nach Geschmack hinzu.

Ernährungstipps, die Sie vergessen können

Süßigkeiten sind tabu und Früchte für Diabetiker verboten? Das war gestern! Die moderne Ernährungsmedizin hält nichts von Essverboten. Manche frühere Empfehlungen für Zuckerkranke haben sich als eher kontraproduktiv erwiesen. Trotzdem halten sich einige Mythen hartnäckig.

Süßigkeiten sind tabu.

Ein Leben ohne süße Momente? Das hält kaum einer aus! Aber zum Glück ist radikaler Verzicht auch gar nicht nötig. Die Dosis macht das Gift! Ebenso wie für gesunde Menschen ist für Diabetiker eine kleine Portion „Luxus" am Tag vollkommen in Ordnung, wenn sie sich insgesamt ausgewogen ernähren und Bewegung ein fester Teil im Tagesablauf ist (siehe Seite 22/23). Genießen Sie Ihren süßen Moment dann ganz bewusst – und vermeiden Sie lieber die unnötigen versteckten Zucker, etwa in Fertiggerichten (siehe Seite 44).

Diabetiker sollten kein Obst essen.

Es stimmt schon: Obst enthält Kohlenhydrate, die den Blutzuckerspiegel in die Höhe treiben. Doch Früchte versorgen uns auch mit Vitaminen, Ballaststoffen und sekundären Pflanzenstoffen. 1 bis 2 Handvoll Obst sollten sich Diabetiker deshalb täglich gönnen. Zu empfehlen sind vor allem Beeren, sie haben einen besonders niedrigen glykämischen Index (siehe Seite 43). Bevorzugen Sie generell frisches oder tiefgekühltes Obst gegenüber Kompott und Co.: Nur darin sind all die wertvollen Inhaltsstoffe enthalten.

Spezielle Diabetiker- und Light-Produkte sind die beste Wahl.

Das ist ein Irrglaube. Den sogenannten Diät- oder Diabetiker-Produkten, die früher ganze Regale füllten, hat der Gesetzgeber inzwischen den Garaus gemacht: Profitiert hatten von denen vor allem die Vermarkter; Diabetikern brachten sie keine nennenswerten Vorteile. Mit Light-Produkten verhält es sich ganz ähnlich. In der Regel enthalten diese Lebensmittel zwar wenig bis gar keinen Kristallzucker, dafür oft aber umso mehr Fett. Gesüßt wird häufig mit Zuckeraustauschstoffen wie etwa Sorbit, Xylit oder Fruktose (siehe Seite 44). Die erhöhen zwar den Blutzuckerspiegel kaum, haben aber durchaus dick machende Kalorien.

Ich nehme Diabetes-Medikamente – also kann ich essen, was ich will.

Schön wär's! Aber ein medikamentös gut eingestellter Blutzuckerspiegel ist kein Freifahrtschein, so weiterzumachen wie bisher. Die Tabletten wirken nur gegen Symptome, nicht gegen die Ursache. Die wiederum besteht bei Diabetes Typ 2 meist in ungünstiger Ernährung, zu wenig Bewegung und Übergewicht. Alle diese Faktoren steigern auch das Risiko für Herz-Kreislauf-Erkrankungen. Die Diagnose sollte unbedingt als Weckruf verstanden werden!

Diabetiker sollten täglich Zimt essen – das senkt den Blutzucker.

Das ist mit Vorsicht zu betrachten. Schon im alten China wurde Zimt als Arzneipflanze genutzt. Tatsächlich gibt es Hinweise darauf, dass das Gewürz den Blutzucker senken kann. Mehrere Studien konnten allerdings keinen Beweis erbringen, dass Zimt bei allen Diabetikern wirkt. Fazit: Es spricht nichts dagegen, Zimt in der Küche zu verwenden – von Kapseln und anderen Nahrungsergänzungsmitteln aber lieber die Finger lassen. Bei hoher Zimteinnahme droht Leberschädigung.

Fett macht fett.

Das ist widerlegt. „Vollfette" Milchprodukte beispielsweise sind nach neuesten Studien für Diabetiker sogar gesünder als fettreduzierte. Richtig ist: Diabetiker sollten nicht mehr essen, als sie benötigen – die Gesamtkalorienzufuhr muss stimmen, weil Übergewicht ein erheblicher Risikofaktor für Stoffwechselstörungen ist. Fett ist sehr energiereich. Kritischer als zu viel Fett auf dem Teller ist dennoch ein Zuviel an Zucker – und vor allem die Kombination von Kohlenhydraten und Fett. Unsere Rezepte (siehe ab Seite 60) helfen Ihnen dabei, alles im richtigen Maß zu essen.

Auf einen Blick: richtig essen für den Blutzucker

Das Wichtigste:

- **Langsam, achtsam und mit Genuss essen!** Wer schlingt, isst mehr. Denn das Sättigungssignal vom Verdauungstrakt kommt erst nach 15 bis 20 Minuten.
- **Auf angemessene Portionsgrößen achten:** Es gelten die Faustregeln (siehe Seite 48/49).
- **Drei Mahlzeiten pro Tag essen** – und möglichst keine Zwischenmahlzeiten. Wenn es mal etwas Süßes sein muss, dann am besten direkt nach einer Hauptmahlzeit. Gönnen Sie der Bauchspeicheldrüse längere Pausen – die aktivieren die Fettverbrennung.
- Wenn es ohne Zwischenmahlzeit nicht geht, dann möglichst **blutzuckerneutral „snacken“**: Gemüserohkost, 1 kleine Handvoll Nüsse oder 1 hart gekochtes Ei.
- **Täglich 3 Portionen Gemüse** (roh oder zubereitet mit hochwertigen Ölen) sollten die Basis der Ernährung bilden.
- Ballaststoffreiche bzw. **komplexe Kohlenhydrate** bevorzugen – also bei Brot, Nudeln und Reis die Vollkornvariante.
- **Eiweißbedarf decken:** Wählen Sie zu jeder Mahlzeit hochwertige Proteinquellen wie mageres Fleisch, fettarme Wurst, Fisch, Eier, Milch und Milchprodukte sowie Nüsse und Hülsenfrüchte. Die sättigen gut und verhindern Heißhungerattacken.
- **Zucker meiden** – auch Fruchtzucker und versteckte Zucker in Fertigprodukten (siehe Seite 44). Süßstoffe sollten Sie ebenfalls nicht bedenkenlos konsumieren. Gewöhnen Sie Ihren Geschmack lieber nach und nach an weniger Süße.
- **Achten Sie auf Ihren Mineralstoffhaushalt,** besonders Magnesium, Chrom und Zink. Durch erhöhten Harndrang leiden viele Diabetiker daran Mangel. Reich an diesen Mineralstoffen sind beispielsweise Mandeln, Kürbis- und Sonnenblumenkerne, Amarant, Quinoa, Bohnen und Linsen.
- **Täglich bis zu zwei Liter energiefreie Getränke** (Wasser, ungesüßter Tee, in Maßen Kaffee), am besten vor jeder Mahlzeit ein Glas Wasser.
- **Vorsicht mit Alkohol!** Allenfalls bis zu dreimal wöchentlich ein kleines Glas Wein oder ein kleines Glas Bier sind verträglich. Bei Unterzuckerungsgefahr zusätzlich aufpassen.
- **Rauchen einstellen.** Es ist gerade für Diabetiker ein zusätzlicher Risikofaktor.
- Als Kurzkur können Sie jederzeit **Hafertage** (siehe Kasten rechts) dazwischenschalten oder einen „Veggie-Tag“: von morgens bis abends rein pflanzliche Kost mit vielen Ballaststoffen.
- **Tägliche Bewegung ist ein Muss.** Schon ein halbstündiger beschwingter Spaziergang hilft mit, den Blutzucker abzubauen.

Tellerprinzip (LOGI-Methode)

Und so könnte ein idealer Tagesplan aussehen:

- 6 Gläser kalorienfreie Getränke am Tag (jeweils ca. 250 ml)
- 3 Portionen Gemüse plus 1–2 Portionen Obst (jeweils 2 Handvoll)
- 3 Portionen Milchprodukte (jeweils 150 g/ml bzw. 1 Scheibe Käse)
- 1–2 Portionen Kartoffeln oder Vollkorngetreide/-produkte (je 1 Handvoll – für Kinder doppelt so viel). Bei Übergewicht Kartoffeln und Obst verstärkt durch Eiweiß ersetzen.
- 2 Portionen Fett (1–2 EL gesunde Öle und 2 TL Butter)
- 1 Portion Fisch oder Fleisch (nicht jeden Tag), etwa handtellergroß = 200–250 g, alternativ Aufschnitt (30 g) oder 1 Ei
- 1 Portion „Luxus" am Tag (1 Handteller bzw. 25 g)

Hafer verdient regelmäßig einen Platz auf Ihrem Speiseplan. Er hilft, den Blutzucker zu regulieren.

Haferkur-Tage für die Leber

Eine Haferkur ist ein guter Einstieg in eine Ernährungsumstellung. Die kurze strikte Diät macht die Leber nachweislich wieder empfindlicher für Insulin und wirkt noch Wochen nach. Erfunden wurde die Kur durch den Internisten Carl von Noorden (1858–1944) schon vor über hundert Jahren.

Das Prinzip: wenige Kalorien, viele Ballaststoffe
In den drei Therapietagen darf der Hafer nur mit Wasser oder fettfreier Brühe zubereitet werden. Der geschmacklichen Abwechslung halber können Sie einen Hauch Gewürze, wenig Gemüse oder Beerenobst hinzufügen. Wichtig ist, alle angegebenen Mengen genau einzuhalten! Es gibt zum Frühstück, Mittagessen und Abendessen Hafergrütze – mehr nicht. Zwischendurch fasten Sie. Wer das durchhält, kann die Kur um einen vierten Hafertag verlängern. Trinken Sie begleitend mindestens 2 Liter kalorienfreie Flüssigkeit pro Tag (Wasser, Tee). Einzelne Hafertage können Sie übrigens jederzeit einstreuen.

Und so geht's:
Kochen Sie pro Mahlzeit 75 g zarte oder kernige Haferflocken mit 300 bis 500 ml Wasser oder fettfreier Brühe kurz auf und lassen sie mit geschlossenem Deckel 5 Minuten quellen.
Dann können Sie den Brei nach Geschmack verfeinern – beispielsweise mit Gewürzen, Gemüse oder Beeren.
Pro Tag zusätzlich erlaubt sind während der Haferkur noch:

- 50 Gramm Erdbeeren oder Himbeeren
- 100 Gramm Lauch oder Champignons
- Zwiebeln, Knoblauch, Kräuter und Gewürze
- Zitronensaft und, falls nötig, Süßstoff

Lebensmittelauswahl nach LOGI

	Empfehlenswert	Nicht empfehlenswert
Getreide wie Brot & Beilagen wie Nudeln, Kartoffeln, Reis	**in Maßen:** Vollkornbrot, Vollkorngetreideprodukte, insbesondere aus Hafer (Haferkleie), Gerste, Dinkel, Roggen Haferflocken, Müsli ohne Zucker, Quinoa, Amarant Vollkornnudeln, Vollkornreis, Pellkartoffeln	Weißbrot, Toastbrot, Zwieback, Weizen-/Milchbrötchen, Croissant Hartweizennudeln, gesüßtes Müsli, Cornflakes, geschälter Reis, Pfannkuchen Kartoffel- und Süßkartoffelprodukte wie Pommes, Kroketten, Brei, Puffer
Feinkost, Fertiggerichte, Convenience-Produkte	Sojaprodukte (z. B. Tofu, Tempeh), Lupinenfilet, Rohkostsalate mit Käse oder Fleisch und Essig-Öl-Dressing, tiefgekühlte Gemüsemischungen (italienisch, Asia o. Ä.) ohne Zuckerzusatz	Ketchup, Grillsaucen, Feinkostsalate mit Mayonnaise und/oder Zuckerarten, Cremesuppen und -saucen aus der Tüte, süße Backmischungen; Fast Food
Snacks & Knabbereien (1 kleine Handvoll am Tag, max. 25 g)	Nusskerne & Samen (siehe unten)	süße Backwaren, Süßigkeiten, süße Milchprodukte (siehe rechts), Schokolade Salzgebäck, Chips, Flips
Obst (1–2 Handvoll am Tag)	Apfel, Aprikose, Brombeeren, Clementine, Erdbeeren, Grapefruit, Heidelbeeren, Himbeeren, Johannisbeeren, Kiwi, Nektarine, Orange, Papaya, Pflaume, Pfirsich, Sauerkirsche, Stachelbeeren, Wassermelone, Zwetschge **bei Fettleber geeignet:** Apfelpektin, Beerenobst	gezuckerte Obstkonserven, Obstmus, kandiertes Trockenobst **in Maßen (ungeeignet bei Fettleber):** Ananas, Banane, Birne, Honigmelone, Kirschen, Kaki (Sharonfrucht), Mango, Weintrauben
Gemüse (3 Handvoll am Tag)	Aubergine, Artischocke, Bohnen, Erbsen, Fenchel, Gurke, alle Kohlarten, Linsen, Möhre, Paprika, alle Pilzarten, Radieschen, alle Salatsorten, Sauerkraut, Sojabohne, Spargel, Spinat, Tomate, Zucchini	Mais **in Maßen:** Süßkartoffel**, gekocht
Nusskerne & Samen (1 Handvoll, ca. 30 g am Tag)	Cashewkerne, Chia-, Hanfsamen, Haselnuss-, Kürbiskerne, Leinsamen, Macadamianusskerne, Mandeln, Pinien-, Sonnenblumen-, Walnusskerne	Erdnusskerne und gesalzene Nusskerne

	Empfehlenswert	Nicht empfehlenswert
Fette & Öle (ca. 3 EL pro Tag)	Olivenöl, Rapskernöl, Walnussöl, Hanföl, Leinöl* und Weizenkeimöl*; Butter	Schweine- und Gänseschmalz, Butterschmalz; Palmfett, Mayonnaise, Sonnenblumenöl, Distelöl
Getränke (1,5–2 l pro Tag)	Wasser, ungezuckerter Tee und Kaffee	Fruchtsaft, Softdrinks, Kakao, Alkohol **in Maßen:** Light-Getränke
Fisch & Meeresfrüchte (1- bis 2-mal pro Woche, ca. 200–250 g)	Aal, Forelle, Heilbutt, Hering, Kabeljau, Karpfen, Lachs, Makrele, Sardine/Sardelle, Scholle, Seezunge, Steinbutt, Thunfisch Schalentiere wie Flusskrebs, Garnelen, Hummer, Krabben, Shrimps	Fisch in Mayonnaise oder Sahne eingelegt panierter Fisch
Wurstwaren & Fleisch (2- bis 3-mal pro Woche, ca. 200–250 g)	Aspik, Corned Beef, Kassler, Koch- und Lachsschinken, Putenbrustaufschnitt, Schinkenzwiebelmettwurst Hühnerfleisch, Putenfleisch Schweinefilet, Schweinerücken Rinderfilet	**in Maßen:** Bauchspeck, Blutwurst, Bockwurst, Bratwurst, Fleischkäse/-wurst, Leberkäse/-wurst, Mettwurst, Mortadella, Nackenfleisch, Salami, Schinkenspeck, Weißwurst paniertes Fleisch
Eier (ca. 5 pro Woche)	in allen Variationen	
Milch & Milchprodukte	Kochsahne (15% Fett), saure Sahne (10% Fett), Milch (1,5–3,5% Fett), Buttermilch, Quark (bis 20% Fett), Naturjoghurt (1,5–3,5% Fett)	Sahne, Schmand, Crème fraîche Pudding, Milchreis, Fruchtjoghurt, Fruchtquark, Kakaozubereitungen, Fruchtbuttermilch
Käse (ca. 3 Portionen pro Tag)	Käse (bis 45% Fett i. Tr.) wie Schnittkäse, Weichkäse, Schafskäse/Feta, Mozzarella **bei Fettleber:** nur fettarme Milch und Milchprodukte	

* Herstellung möglichst unter Ausschluss von Sauerstoff, Hitze und Licht (Oxyguard-/Omega-safe-Verfahren). Optimal wirken Leinöl und Weizenkeimöl kombiniert.

** Gesamtgehalt an Kohlenhydraten sehr hoch.

REZEPTE ZUM GENIESSEN

Mit diesen mehr als 60 Gerichten dürfen Sie es sich gut gehen lassen! Unsere Rezepte schmecken lecker, sind schnell zubereitet und schonen vor allem Ihren Blutzucker. Wir haben Frühstücksideen für jeden Geschmack – egal ob Sie lieber süß, herzhaft oder nur mit einem Smoothie in den Tag starten. Mittags und abends wählen Sie nach Lust und Laune aus unseren abwechslungsreichen kleinen Gerichten und Hauptspeisen: Bei allen stimmt der Gehalt an satt machenden Ballaststoffen und Eiweiß. Nachtisch gefällig? Probieren Sie unsere köstlichen Desserts!

Praktisches Plus: Symbole zeigen Ihnen auf einen Blick, welches Rezept vegetarisch oder sogar vegan, zum Mitnehmen oder besonders gut für Gäste geeignet ist. Übrigens: Alle Rezepte sind mit fettarmen Milchprodukten berechnet und somit auch für Menschen mit Fettleber geeignet. Wer davon nicht betroffen ist, darf aber ganz nach persönlicher Vorliebe gern zu vollfetten Milchprodukten greifen – sie sind für Diabetiker absolut empfehlenswert und sättigen länger.

FRÜHSTÜCK

Sie wollen gut gerüstet in den Tag starten? Und dabei so richtig genießen? Dann haben wir genau das passende Frühstück für Sie. Freuen Sie sich auf aromatische Früchte, Quark, Joghurt und Co., fix gerührte Aufstriche, Müsli, kerniges Brot oder herzhafte Eierspeisen. Für jeden Morgentyp ist etwas dabei!

Dinkel-Knuspermüsli mit Beeren

Für 2 Personen
Zubereitungszeit: 20 Minuten

2 EL Mandeln
2 EL Kokosraspel
1 EL Sonnenblumenkerne
2 TL natives Kokosöl
2 EL Dinkelvollkornflocken
250 g gemischte Beeren
(z.B. Erd-, Heidel-, Himbeeren)
300 g Naturjoghurt (1,5 % Fett)
2 TL Limettensaft
¼ TL gemahlene Vanille

Nährwerte pro Portion: 360 kcal, 12 g EW, 23 g F, 23 g KH, 6 g BST, 2 BE

+ Die Mandeln hacken und mit Kokosraspeln und Sonnenblumenkernen mischen. Das Kokosöl in einer beschichteten Pfanne zerlassen und den Kernemix darin bei mittlerer Hitze unter Wenden etwa 5 Minuten goldbraun anrösten. Nach Belieben noch 2 TL flüssigen Honig darüberträufeln, dann die Dinkelflocken unterrühren. Die Mischung aus der Pfanne nehmen und auf einem Teller abkühlen lassen.

+ Die Beeren verlesen, waschen und trocken tupfen. Die Erdbeeren waschen, putzen und halbieren oder vierteln. Den Joghurt mit Limettensaft und Vanille gründlich verrühren, auf zwei Schalen verteilen. Das Knuspermüsli auf den Joghurt streuen und die Beeren darauf verteilen. Sofort servieren.

Tipp: Wer es morgens sehr eilig hat, kann das Dinkel-Knuspermüsli auch prima auf Vorrat zubereiten. In einem Glas oder einer Dose verschlossen, hält es sich etwa 4 Wochen.

Die Ernährungs-Docs

Leicht und lecker: Ein **Frühstücksquark mit Früchten** liefert Eiweißpower satt und wenig Kohlenhydrate: Dazu für 2 Personen 250 g Magerquark mit 100 ml Milch, 40 ml Leinöl-Weizenkeimöl-Mischung, 2 TL flüssigem Honig (nach Belieben) und 2 Spritzern Zitronensaft gut verrühren und auf Schalen verteilen. Mit frischem Obst nach Belieben toppen, zum Beispiel mit 1 Apfel, einigen Brom-, Erd- und Heidelbeeren. Zum Servieren jeweils 1 EL gehackte Mandeln, Walnuss- oder Haselnüsse über den Frühstücksquark streuen.

Hafer-Nuss-Granola mit Schokolade

Für 600 g (12 Portionen)
Zubereitungszeit: 15 Minuten
Backen: 20–30 Minuten

100 g Mandeln
50 g Haselnusskerne
50 g Cashewkerne
50 g Kürbiskerne
100 g zarte Haferflocken
50 g Sonnenblumenkerne
50 g Kokoschips
50 g Amarant
50 g Chia- oder Leinsamen
1 Eiweiß
50 g Kakao-Nibs (geschälte, gebrochene rohe Kakaobohnen)

Nährwerte pro Portion (50 g): 260 kcal, 10 g EW, 18 g F, 13 g KH, 6 g BST, 1 BE

+ Den Backofen auf 160 °C vorheizen. Ein Backblech mit Backpapier auslegen. Die Mandeln, Haselnüsse, Cashew- und Kürbiskerne grob hacken. Mit Haferflocken, Sonnenblumenkernen, Kokoschips, Amarant und Chia- oder Leinsamen mischen.

+ Das Eiweiß nach Belieben mit 30 g flüssigem Honig in einer großen Schüssel mit einem Schneebesen kurz aufschlagen und die Flocken-Nuss-Mischung gründlich untermischen.

+ Die Masse auf dem Blech verteilen und im Ofen auf der mittleren Schiene 20 bis 30 Minuten knusprig rösten, dabei mehrmals durchmischen. Die Müslimischung herausnehmen und auf dem Backblech vollständig abkühlen lassen.

+ Zum Servieren die Kakao-Nibs unter das Granola mischen. Das Knuspermüsli in ein Twist-off-Glas oder einen Vorratsbehälter füllen und trocken aufbewahren. Es hält sich etwa 4 Wochen.

Tipp: Das Granola-Müsli mit Naturjoghurt, Dickmilch oder Milch und frischen Beeren zum Frühstück servieren.

Die Ernährungs-Docs

Kernig, knusprig und lecker: Mit diesem Low-Carb-Müsli aus gerösteten Haferflocken, Nussen und Samen starten Sie fit und gesund in den Tag. Kombiniert mit Eiweiß – aus Joghurt, Quark, Seidentofu oder Milch –, hält es mindestens bis mittags satt. Gesundes Pflanzeneiweiß, beste Fette, Mineralien und Vitamine mit Ballaststoffen – also alles, was gesund macht!

Chia-Hafer-Brei mit Früchten

Für 2 Personen
Zubereitungszeit: 15 Minuten
Einweichen: 12 Stunden oder über Nacht

2 EL kernige Haferflocken
1 EL Chiasamen
200 ml Milch (1,5 % Fett)
½ TL Zimtpulver
300 g Magerquark
1 Apfel
1 Nektarine
50 g Heidelbeeren
2 EL Haselnusskerne

Nährwerte pro Portion: 400 kcal, 26 g EW, 14 g F, 36 g KH, 8 g BST, 3 BE

+ Die Haferflocken und Chiasamen in einer Schüssel mit Milch und Zimt verrühren. Den Quark glatt rühren und auf der Flockenmischung verteilen, nicht untermischen. Die Schüssel zugedeckt über Nacht in den Kühlschrank stellen.

+ Am nächsten Tag die Flockenmischung umrühren und auf zwei Schalen oder Gläser verteilen. Den Apfel waschen, vierteln, entkernen und quer in dünne Scheiben schneiden. Die Nektarine waschen, vierteln, entsteinen und ebenfalls in Stücke schneiden. Die Heidelbeeren verlesen, waschen und trocken tupfen.

+ Die Nüsse hacken und zum Servieren mit den Früchten auf dem Chia-Hafer-Brei verteilen.

Tipp: Wer es gern nussig mag, kann die Milch durch einen ungesüßten Mandel-, Haselnuss- oder Kokosdrink ersetzen.

Die Ernährungs-Docs

Das proteinreiche Frühstück ist die Lösung für alle, die morgens keine Zeit für lange Vorbereitungen haben. Haferflocken und Chiasamen werden am Vorabend eingeweicht und quellen über Nacht im Kühlschrank. So entsteht ein leicht bekömmlicher Brei. Er liefert dem Körper hochwertiges Eiweiß und viele Ballaststoffe, die lange satt machen und den Blutzuckerspiegel nur langsam ansteigen lassen. Außerdem bringt die Mahlzeit mit frischem Obst und reichlich Vitaminen den Stoffwechsel in Schwung.

Haferporridge mit Zitrusfrüchten

Für 2 Personen
Zubereitungszeit: 20 Minuten

4 EL zarte Haferflocken
4 EL geschrotete Leinsamen
¼ l Milch (1,5 % Fett)
1 rosa Grapefruit
1 Orange
150 g Naturjoghurt (1,5 % Fett)
2 TL Pinienkerne
Zimtpulver zum Bestäuben

Nährwerte pro Portion: 360 kcal, 16 g EW, 14 g F, 36 g KH, 8 g BST, 3 BE

+ Die Haferflocken mit den Leinsamen in einem Topf mischen. Die Milch und 100 ml Wasser dazugießen, alles aufkochen und dann mit geschlossenem Deckel bei schwacher Hitze 6 bis 8 Minuten köcheln lassen, dabei ab und zu umrühren.

+ Inzwischen die Grapefruit und die Orange so großzügig schälen, dass auch die weiße Haut mit entfernt wird. Die Filets zwischen den einzelnen Trennhäuten herausschneiden (den austretenden Saft auffangen und den Rest der Zitrusfrüchte gut ausdrücken). Den Saft unter den Haferbrei rühren. Den Porridge zugedeckt auf der abgeschalteten Herdplatte noch 5 Minuten quellen lassen.

+ Den Porridge vom Herd nehmen, nach Belieben mit 1 TL flüssigem Honig mischen und auf zwei Schalen verteilen. Die Grapefruit- und Orangenfilets darauflegen. Den Joghurt darüber verteilen und mit den Pinienkernen bestreuen. Mit etwas Zimt bestäubt servieren.

Tipp: Der Porridge wird beim Abkühlen fest – und eignet sich damit auch zum Mitnehmen. Zum Aufwärmen einfach etwas kochend heißes Wasser unterrühren.

Die Ernährungs-Docs

Nichts übertrifft einen Haferflockenbrei als sättigendes und wärmendes Frühstück für Diabetiker. Der wichtigste Inhaltsstoff von Hafer (siehe Seite 42) ist der Ballaststoff Beta-Glukan, der die Insulinresistenz bekämpft. Außerdem enthält das Getreide viele B-Vitamine, die dem Körper helfen, Stress zu verarbeiten, und das Immunsystem stärken.

Grüner Löffel-Smoothie mit Papaya

Für 2 Personen
Zubereitungszeit: 15 Minuten

250 g reife Papaya
1 reife Kiwi
1 Dattel
60 g junger Spinat
3 EL Amarant- oder Quinoaflocken
300 ml Kefir (1,5 % Fett)
1 EL Hanfsamen
2 EL Himbeeren
1 EL Kokoschips

Nährwerte pro Portion: 380 kcal, 15 g EW, 14 g F, 34 g KH, 10 g BST, 3 BE

+ Die Papaya halbieren und die Kerne mit einem Teelöffel entfernen. Die Papaya schälen, die Hälfte vom Fruchtfleisch in Stücke schneiden, den Rest zum Garnieren beiseitelegen. Die Kiwi schälen und in Scheiben schneiden, einige Scheiben zum Garnieren beiseitelegen. Die Dattel entkernen und klein schneiden. Den Spinat verlesen, waschen und trocken tupfen, grobe Stiele entfernen.

+ Die Papaya-, Kiwi- und Dattelstücke, Spinatblätter, Amarant- oder Quinoaflocken und den Kefir im Mixer oder in einem hohen Rührbecher mit dem Stabmixer fein pürieren. Die übrige Papaya in Spalten schneiden. Die Hanfsamen im Mörser leicht zerstoßen.

+ Den Smoothie auf zwei Schalen verteilen und mit Papayaspalten, Kiwischeiben und Himbeeren garnieren. Mit Hanfsamen und Kokoschips bestreut servieren.

Tipp: Der Löffel-Smoothie lässt sich auch super mitnehmen. Dazu die cremig-feine Mischung in ein gut schließendes Gefäß füllen und mit klein geschnittenem Obst, Hanfsamen und Kokoschips garnieren.

Die Ernährungs-Docs

Der Smoothie ist ein wahres Energiepaket und weckt die Lebensgeister, da er aus rohen Früchten und Gemüse gemixt wird. Mit Hanfsamen und Flocken aus den Pseudogetreidearten Amarant oder Quinoa angereichert, kann er anstelle eines Müslis ein vollwertiges Frühstück zum Löffeln sein. Papaya und Spinat liefern Vitamin C und Magnesium sowie Beta-Carotin für gesunde Zellen.

Melonen-Fenchel-Smoothie

Für 2 Personen
Zubereitungszeit: 15 Minuten

400 g Wassermelone
100 g Erdbeeren
100 g Fenchel
¼ Bio-Zitrone, 4 Minzeblätter
½ TL Zimtpulver, 2 TL Walnussöl
200 ml Buttermilch

Nährwerte pro Portion: 140 kcal, 5 g EW, 5 g F, 16 g KH, 3 g BST, 1 BE

+ Die Melone schälen, entkernen und in grobe Stücke schneiden. Die Erdbeeren waschen, putzen und halbieren oder vierteln. Den Fenchel putzen, waschen und halbieren, den harten Strunk entfernen und die Hälften klein schneiden. Die Zitrone heiß waschen, trocken reiben und klein schneiden, falls nötig, Kerne entfernen. Die Minzeblätter waschen und trocken tupfen.

+ Melone, Erdbeeren, Fenchel, Zitrone und Minze mit Zimt, Walnussöl und Buttermilch in den Standmixer geben. Das Gerät kurz auf kleiner Stufe starten, dann alles auf höchster Stufe cremig-fein pürieren. 150 ml Wasser dazugießen und alles erneut kurz mixen. Den Drink in Gläser füllen und sofort servieren (im Bild links).

Heidelbeer-Mandel-Lassi

Für 2 Personen
Zubereitungszeit: 10 Minuten

150 g Heidelbeeren (frisch oder tiefgekühlt)
½ Bio-Limette
3 TL geschrotete Leinsamen
2 EL Mandelmus
1 Stück Vanilleschote (ca. 1 cm)
200 g Schwedenmilch (ersatzweise Naturjoghurt oder Dickmilch)

Nährwerte pro Portion: 300 kcal, 9 g EW, 21 g F, 16 g KH, 5 g BST, 1 BE

+ Die Heidelbeeren verlesen, waschen und trocken tupfen (tiefgekühlte Beeren kurz antauen lassen). Die Limette heiß waschen, trocken reiben und in Stücke schneiden, falls nötig, Kerne entfernen.

+ Beeren, Limette und Leinsamen mit Mandelmus und Vanilleschote in den Standmixer geben und 50 ml Wasser dazugießen. Das Gerät kurz auf kleiner Stufe starten, dann alles auf höchster Stufe cremigfein pürieren. Die Schwedenmilch dazugeben und alles erneut kurz und kräftig mixen. Den Drink in Gläser füllen und sofort servieren (im Bild rechts).

Tipp: Weich, soft und cremig – ein Smoothie nimmt dem Darm Arbeit ab, weil er fein zerkleinert ist. Die vielen Ballaststoffe sorgen für eine regelmäßige Verdauung und unterstützen den Aufbau einer optimalen Darmflora. Hinzu kommt ein glykämischer Index (siehe Seite 42), der den Blutzucker niedrig hält.

Pfirsich-Spinat-Smoothie

Für 2 Personen
Zubereitungszeit: 15 Minuten

½ reife Avocado, 1 Mini-Gurke
1 reifer Pfirsich
1 Stück Ingwer (ca. 1 cm)
60 g junger Spinat
1 EL Zitronensaft
2 EL Erdmandelflocken (ersatzweise zarte Haferflocken)
¼ l kohlensäurearmes Mineralwasser

Nährwerte pro Portion: 140 kcal, 3 g EW, 8 g F, 11 g KH, 7 g BST, 1 BE

+ Von der Avocado, falls nötig, den Stein entfernen. Die Avocadohälfte schälen und das Fruchtfleisch in Stücke schneiden. Die Gurke waschen und in Würfel schneiden. Den Pfirsich waschen, halbieren, entsteinen und klein schneiden. Den Ingwer schälen und in feine Würfel schneiden.

+ Den Spinat verlesen, waschen und trocken tupfen, grobe Stiele entfernen. Alle Zutaten mit Zitronensaft und Erdmandelflocken in den Standmixer geben und das Mineralwasser dazugießen.

+ Das Gerät kurz auf kleiner Stufe starten, dann alles auf höchster Stufe cremig-fein pürieren. Den Smoothie in Gläser füllen und sofort servieren (im Bild links).

Orangen-Wirsing-Smoothie

Für 2 Personen
Zubereitungszeit: 15 Minuten

100 g junge Wirsingblätter
1 Orange
1 Dattel
2 EL Cashew- oder Mandelmus
1 EL Limettensaft

Nährwerte pro Portion: 230 kcal, 6 g EW, 15 g F, 16 g KH, 3 g BST, 1 BE

+ Die Wirsingblätter putzen, waschen und die dicken Blattrippen entfernen. Die Blätter grob zerschneiden. Die Orange schälen und in Stücke schneiden, den austretenden Saft dabei auffangen. Die Dattel entsteinen und klein schneiden.

+ Wirsing, Orangenstücke und -saft mit Dattel, Cashew- oder Mandelmus und Limettensaft in den Standmixer füllen und 100 ml kaltes Wasser dazugießen.

+ Das Gerät kurz auf kleiner Stufe starten, dann alles auf höchster Stufe cremig-fein pürieren. Den Smoothie in Gläser füllen und sofort servieren (im Bild rechts).

Himbeer-Avocado-Aufstrich

Für 4 Personen
Zubereitungszeit: 15 Minuten
Kühlen: 1 Stunde

125 g Himbeeren
(frisch oder tiefgekühlt)
1 reife Avocado
2 EL Zitronensaft
100 g Frischkäse (Halbfettstufe)
1 TL Johannisbrotkernmehl
(aus dem Reformhaus)
½ TL gemahlene Vanille

Nährwerte pro Portion: 90 kcal, 4 g EW, 5 g F, 4 g KH, 3 g BST, 0 BE

+ Die Himbeeren verlesen, waschen und trocken tupfen (tiefgekühlte Beeren kurz antauen lassen). Die Avocado halbieren und den Stein entfernen. Die Avocadohälften schälen und das Fruchtfleisch in Stücke schneiden.

+ Beeren und Avocado mit Zitronensaft und nach Belieben mit 2 TL Rohrohrzucker in einem hohen Rührbecher mit dem Stabmixer fein pürieren. Den Frischkäse, das Johannisbrotkernmehl und die Vanille untermischen.

+ Den Aufstrich in ein sauberes Schraubglas füllen und 1 Stunde kühl stellen. Anschließend im Kühlschrank aufbewahren, er hält sich etwa 3 Tage (im Bild rechts).

Tipp: Johannisbrotkernmehl hat den Vorteil, dass es auch kalte Flüssigkeiten bindet, ohne erhitzt zu werden.

Aprikosen-Mandel-Mus

Für 6 Personen
Zubereitungszeit: 15 Minuten

80 g geschälte Mandeln
150 g Aprikosen
2 TL Zitronensaft
1 TL abgeriebene Bio-Zitronenschale
1 EL Rohrohrzucker
2 EL Kokos- oder Mandelöl

Nährwerte pro Portion: 130 kcal, 3 g EW, 11 g F, 4 g KH, 2 g BST, 0 BE

+ Die Mandeln in einer Pfanne ohne Fett goldbraun rösten. Herausnehmen, abkühlen lassen und im Blitzhacker fein mahlen.

+ Die Aprikosen waschen, halbieren, entsteinen und klein schneiden. Mit Zitronensaft und -schale, Zucker und Kokosöl in einem hohen Rührbecher mit dem Stabmixer fein pürieren. Die Mandeln nach und nach untermixen. Den Aufstrich in ein Schraubglas füllen und im Kühlschrank lagern. Er hält sich 3 bis 4 Tage (im Bild links).

Tipp: Es geht auch ohne Butter! Mit den Brotaufstrichen auf der Basis von Avocado und Mandeln sparen Sie Kalorien ein und führen Ihrem Körper viele ungesättigte Fettsäuren zu, die sich positiv auf den Cholesterinspiegel auswirken.

Roter Paprika-Walnuss-Aufstrich

Für 4 Personen
Zubereitungszeit: 25 Minuten

2 rote Paprikaschoten
60 g Walnusskerne
2 TL Tomatenmark
1 EL kalt gepresstes Olivenöl
2 EL Vollkornsemmelbrösel
2 TL Aceto balsamico
½ TL rosenscharfes Paprikapulver, Salz

Nährwerte pro Portion: 160 kcal, 3 g EW, 14 g F, 3 g KH, 2 g BST, 0 BE

+ Den Backofengrill vorheizen. Die Paprikaschoten halbieren, entkernen, waschen und mit der Haut nach oben nebeneinander auf ein Backblech legen. Unter dem Backofengrill auf der obersten Schiene 6 bis 8 Minuten rösten, bis die Haut schwarze Blasen wirft. Herausnehmen und unter einem feuchten Tuch etwa 5 Minuten abkühlen lassen, dann häuten.

+ Die Paprika in grobe Stücke schneiden. Die Walnüsse grob hacken. Paprika, Walnüsse, Tomatenmark und Olivenöl in einem hohen Rührbecher mit dem Stabmixer fein pürieren.

+ Die Semmelbrösel unterrühren und den Aufstrich mit Essig, Paprikapulver und Salz würzen. In ein sauberes Schraubglas füllen, er hält sich gekühlt 3 bis 4 Tage frisch. Zum Servieren nach Belieben mit gehackten Walnüssen bestreuen (im Bild oben).

Tofu-Kräuter-Creme mit Sesam

Für 6 Personen
Zubereitungszeit: 20 Minuten

2 EL geschälte Sesamsamen
200 g Tofu natur
3 EL kalt gepresstes Olivenöl
2 EL Zitronensaft
Salz, Pfeffer aus der Mühle
2 dünne Frühlingszwiebeln
½ Bund gemischte Kräuter

Nährwerte pro Portion: 120 kcal, 6 g EW, 9 g F, 2 g KH, 1 g BST, 0 BE

+ Den Sesam in einer Pfanne ohne Fett bei mittlerer Hitze goldbraun rösten. Aus der Pfanne nehmen und abkühlen lassen, 2 TL zum Garnieren beiseitestellen. Inzwischen den Tofu trocken tupfen und in kleine Würfel schneiden. Mit Sesam, Olivenöl und Zitronensaft im Blitzhacker oder in einem hohen Rührbecher mit dem Stabmixer fein pürieren. Mit Salz und Pfeffer würzen.

+ Die Frühlingszwiebeln putzen, waschen und weiße und hellgrüne Teile in dünne Ringe schneiden. Die Kräuter waschen, trocken tupfen, die Blätter abzupfen und fein hacken. Frühlingszwiebeln und Kräuter unter die Tofucreme mischen. In ein sauberes Schraubglas füllen und mit dem beiseitegestellten Sesam bestreuen. Der Aufstrich hält sich gekühlt 2 bis 3 Tage (im Bild unten).

Gemüserührei mit Nordseekrabben

Für 2 Personen
Zubereitungszeit: 20 Minuten

80 g tiefgekühlte Erbsen
100 g Nordseekrabben (aus dem Kühlregal)
2 Frühlingszwiebeln
½ Mini-Gurke (ca. 50 g)
4 Eier
2 EL Milch (1,5 % Fett)
Salz, Pfeffer aus der Mühle
2 TL Rapskernöl
3 Stiele Petersilie

Nährwerte pro Portion: 320 kcal, 27 g EW, 17 g F, 13 g KH, 4 g BST, 1 BE

+ Die Erbsen antauen lassen. Die Nordseekrabben in einem Sieb kalt abbrausen und trocken tupfen. Die Frühlingszwiebeln putzen, waschen und in dünne Ringe schneiden. Die Gurke waschen, längs halbieren und die Kerne mit einem Teelöffel entfernen, die Hälften in feine Würfel schneiden. Die Eier mit der Milch verquirlen und mit Salz und Pfeffer würzen.

+ Das Öl in einer beschichteten Pfanne erhitzen und Frühlingszwiebeln und Gurke darin etwa 1 Minute andünsten. Die Eiermilch darübergießen, die Erbsen dazugeben und die Eiermasse bei mittlerer Hitze in 3 bis 4 Minuten stocken lassen. Dann mit einem Pfannenwender die Masse von außen nach innen schieben, den Vorgang mehrmals wiederholen.

+ Die Krabben auf das Gemüserührei streuen und mit einem Pfannenwender unter die Eiermasse heben. Die Petersilie waschen, trocken tupfen, die Blätter abzupfen und fein hacken. Das Rührei mit Petersilie bestreut servieren.

Tipp: Vegetarier können das Rührei mit je 2 EL körnigem Frischkäse statt mit Nordseekrabben proteinreich aufwerten.

Die Ernährungs-Docs

Rühreier aus einer beschichteten Pfanne mit wenig Fettzugabe sind für Diabetiker ideal. Denn Eier liefern hochwertige Aminosäuren, haben ein günstiges Fettsäureprofil und machen länger satt. Darüber hinaus enthalten sie alle Vitamine mit Ausnahme von Vitamin C.

Eier im Glas mit Avocado-Salsa

Für 2 Personen
Zubereitungszeit: 15 Minuten

1 reife Avocado
1 gelbe Spitzpaprikaschote (ca. 80 g)
1 große Tomate
1 EL Limettensaft
½ EL kalt gepresstes Olivenöl
Salz, Pfeffer aus der Mühle
2 Eier (Größe L)
¼ Kästchen Gartenkresse

Nährwerte pro Portion: 260 kcal, 10 g EW, 20 g F, 7 g KH, 5 g BST, 0,5 BE

+ Zwei Gläser in ein heißes Wasserbad stellen. Die Avocado halbieren und den Stein entfernen. Die Avocadohälften schälen und das Fruchtfleisch in kleine Würfel schneiden. Die Paprika längs halbieren, entkernen, waschen und in feine Würfel schneiden. Nach Belieben 1 kleine rote Chilischote längs halbieren, entkernen, waschen und in sehr feine Würfel schneiden. Die Tomate waschen und in Würfel schneiden, den Stielansatz entfernen.

+ Avocado, Paprika, Chili nach Belieben und Tomate mit Limettensaft und Olivenöl vorsichtig mischen und die Salsa mit Salz und Pfeffer würzen. Die Eier in kochendem Wasser 3 bis 4 Minuten wachsweich kochen. Inzwischen die Kresse vom Beet abschneiden, waschen und trocken tupfen.

+ Die warmen Gläser aus dem Wasserbad nehmen und abtrocknen, die Avocado-Salsa darin verteilen. Die Eier kalt abschrecken, vorsichtig pellen und je 1 Ei auf die Salsa in die Gläser gleiten lassen. Leicht mit Salz und Pfeffer würzen und mit Kresse bestreut servieren.

Die Ernährungs-Docs

Die Frühstücksvariante mit Eiern und Avocado vereint das Beste aus beiden: viele wertvolle Proteine, die Mineralstoffe Kalzium, Phosphor, Eisen und Kalium und die lebenswichtigen Vitamine A, E und Folsäure.

Kerniges Eiweißbrot

Für 1 Laib (1 kg; 20 Scheiben)
Zubereitungszeit: 20 Minuten
Ruhen: 30 Minuten
Backen: 50–55 Minuten

40 g gehackte Kürbiskerne
40 g Sonnenblumenkerne
20 g ungeschälte Sesamsamen
100 g Süßlupinenmehl
(aus Reformhaus oder Bio-Laden, ersatzweise Kichererbsenmehl, siehe Tipp)
100 g gemahlene Mandeln
50 g geschrotete Leinsamen
125 g Dinkelvollkornmehl
50 g Haferkleie
2 TL Weinsteinbackpulver
2 TL Meersalz
2 Eier
250 g Magerquark

Nährwerte pro Scheibe (50 g):
140 kcal, 8 g EW, 7 g F, 8 g KH,
4 g BST, 0,5 BE

+ Kürbis- und Sonnenblumenkerne und Sesam mischen, 2 EL beiseitestellen. Übrige Kerne mit Süßlupinenmehl, Mandeln, Leinsamen, Dinkelmehl, Haferkleie, Backpulver, Salz und nach Belieben mit 2 TL Brotgewürz mischen. In einer großen Schüssel Eier und Quark glatt rühren und die trockenen Zutaten und ¼ l lauwarmes Wasser nach und nach mit den Knethaken des Handrührgeräts untermischen.

+ Eine Kastenform (ca. 25 cm) mit Backpapier auslegen, den Teig einfüllen, glatt streichen und mit einem Messer längs einritzen. Die beiseitegestellten Kerne darüberstreuen, leicht andrücken, das Brot zugedeckt 30 Minuten ruhen lassen. Backofen auf 200 °C vorheizen.

+ Das Brot auf der mittleren Schiene in den Ofen schieben und 1 Tasse mit heißem Wasser auf den Boden des Backraums stellen. Das Brot im Ofen etwa 10 Minuten backen. Dann die Temperatur auf 180 °C herunterschalten, das Brot noch 40 bis 45 Minuten backen. Zur Garprobe einen Holzspieß ins Brot stechen. Bleibt kein Teig daran kleben, ist es fertig. Das Brot aus dem Ofen nehmen und auf einem Kuchengitter etwa 10 Minuten abkühlen lassen, dann stürzen und vollständig abkühlen lassen. Das Brot hält sich in einer Box im Kühlschrank etwa 1 Woche. Für den Vorrat können Sie das Brot in Scheiben schneiden und portionsweise in Gefrierbeuteln einfrieren.

Variante: Für Low-Carb-Brötchen den Teig in gefettete Mulden eines 12er-Muffinblechs füllen und im Ofen erst 10 Minuten bei 200 °C, dann 30 Minuten bei 180 °C backen.

Die Ernährungs-Docs

Eiweißbrot lässt anders als normales Brot den Blutzucker langsamer ansteigen. Es liefert kaum Kohlenhydrate, dafür aber einen hohen Anteil pflanzlicher Eiweiße und eine Menge Ballaststoffe. Vor allem Süßlupinenmehl aus den Samen einer heimischen Hülsenfrucht punktet mit rund 40 Prozent hochwertigem Eiweiß.

Frischkäse-Chia-Brötchen

Für 15 Stück
Zubereitungszeit: 25 Minuten
Backen: 20 Minuten

150 g Kichererbsenmehl
60 g Chiasamen
30 g Flohsamenschalen
1 Pck. Weinsteinbackpulver
1½ TL Salz
200 g Frischkäse (Halbfettstufe)
2 Eier
je 2 TL geschälte Sesamsamen, Mohn und Sonnenblumenkerne

Nährwerte pro Stück (45 g):
90 kcal, 6 g EW, 3 g F, 6 g KH, 4 g BST, 0,5 BE

+ Kichererbsenmehl, Chiasamen, Flohsamenschalen, Backpulver und Salz mischen. Frischkäse, Eier und 280 ml Wasser in einer großen Schüssel mit den Quirlen des Handrührgeräts verrühren und die trockenen Zutaten nach und nach untermischen. Den Teig zugedeckt etwa 10 Minuten quellen lassen.

+ Den Backofen auf 200 °C vorheizen. Ein Backblech mit Backpapier auslegen. Vom Teig mit einem angefeuchteten Eisportionierer oder mit zwei Esslöffeln 15 Portionen abstechen und nebeneinander auf das Blech setzen. Die Brötchen abwechselnd mit Sesam, Mohn und Sonnenblumenkernen bestreuen.

+ Im Ofen auf der mittleren Schiene etwa 20 Minuten goldbraun backen. Die Brötchen aus dem Ofen nehmen und auf dem Blech vollständig abkühlen lassen.

Tipp: Die Brötchen lassen sich prima einfrieren.

Die Ernährungs-Docs

Der Pluspunkt bei den proteinreichen Low-Carb-Brötchen sind die gesunden Samen: Chiasamen und Flohsamenschalen liefern lösliche und unlösliche Ballaststoffe, die die Verdauung regulieren, den Darm reinigen und so helfen, den Körper zu entgiften. Mit ihren quellenden und klebenden Eigenschaften halten sie die Zutaten zusammen und ersetzen das Mehl. Darüber hinaus können sie den Cholesterinspiegel senken.

perhaps?

KLEINE GERICHTE

Lust auf eine wärmende Suppe? Auf einen frischen Salat, leicht und dennoch sättigend – oder einfach auf ein herzhaftes Abendbrot? Hier kommen gesunde Ballaststoffe und Proteine in allen leckeren Geschmacksrichtungen: asiatisch, mediterran oder deftig-pikant – je nach Appetit. Lassen Sie sich zum Experimentieren verführen!

Quinoasalat mit Fetajoghurt

Für 2 Personen
Zubereitungszeit: 30 Minuten

75 g Quinoa
Salz
2 große Tomaten
½ Salatgurke
2 Frühlingszwiebeln
4 Stiele Petersilie
2 Stiele Minze
3 EL Zitronensaft
2 EL kalt gepresstes Olivenöl
Pfeffer aus der Mühle
100 g Feta (Schafskäse)
150 g Naturjoghurt (1,5 % Fett)
2 EL Salatkernmischung
(z.B. Kürbis-, Pinien-,
Sonnenblumenkerne)

Nährwerte pro Portion: 540 kcal, 21 g EW, 33 g F, 35 g KH, 7 g BST, 3 BE

+ Die Quinoa in einem Sieb kalt abbrausen und abtropfen lassen. In einem Topf mit 200 ml Salzwasser aufkochen und mit geschlossenem Deckel bei mittlerer Hitze etwa 20 Minuten garen, bis die Flüssigkeit fast vollständig aufgesogen ist. In einer Schüssel abkühlen lassen.

+ Inzwischen die Tomaten waschen und in kleine Würfel schneiden, dabei die Stielansätze und Kerne entfernen. Die Gurke waschen, längs halbieren und die Kerne mit einem Teelöffel entfernen. Die Gurkenhälften ebenfalls in kleine Würfel schneiden. Die Frühlingszwiebeln putzen, waschen und weiße und hellgrüne Teile in dünne Ringe schneiden. Petersilie und Minze waschen, trocken schütteln, die Blätter abzupfen und grob hacken.

+ Die gequollene Quinoa mit Zitronensaft und Olivenöl verrühren. Tomaten, Gurken, Frühlingszwiebeln und Kräuter untermischen. Den Salat mit Salz und Pfeffer würzen. Den Feta zerbröseln und mit dem Joghurt mischen. Den Quinoasalat mit den Kernen bestreuen und mit dem Fetajoghurt servieren.

Tipp: Quinoa gibt es in Weiß oder Rot. Beide Sorten schmecken mild und leicht nussig – und sind solo oder auch gemischt die perfekte Basis für den Salat.

Die Ernährungs-Docs

Quinoa gehört zu den wertvollsten pflanzlichen Eiweißquellen überhaupt. Das Besondere an den kleinen Pseudogetreidesamen: Sie enthalten alle acht essenziellen Aminosäuren, also lebenswichtige Eiweißbausteine, die unser Körper nicht selbst bilden kann. Ebenfalls günstig sind der hohe Gehalt an Eisen für die Blutbildung und Magnesium für Knochen und Zähne.

Mariniertes Gemüse mit Basilikum-Quark-Nocken

Für 2 Personen
Zubereitungszeit: 35 Minuten

1 EL Pinienkerne
1 kleiner Kohlrabi (ca. 200 g)
1 kleine Möhre
1 kleine Mairübe
2 EL Aceto balsamico bianco
Salz, Pfeffer aus der Mühle
2 EL kalt gepresstes Olivenöl
2 TL Walnussöl
250 g Magerquark
30 g Gorgonzola
1 TL Zitronensaft
2 Stiele Basilikum

Nährwerte pro Portion: 390 kcal, 21 g EW, 26 g F, 14 g KH, 4 g BST, 1 BE

+ Die Pinienkerne in einer Pfanne ohne Fett goldbraun anrösten, vom Herd nehmen und abkühlen lassen.

+ Kohlrabi, Möhre und Mairübe putzen, schälen und auf der Gemüsereibe in sehr dünne Scheiben hobeln oder schneiden. Die Scheiben leicht überlappend auf zwei große Teller verteilen.

+ Für die Vinaigrette Essig, Salz und Pfeffer verrühren und Oliven- und Walnussöl mit einem Schneebesen nach und nach unterrühren. Die Vinaigrette über das Gemüse träufeln.

+ Den Quark in einem sauberen Küchen- oder Mulltuch auspressen. Den Gorgonzola mit einer Gabel zerdrücken und mit dem Quark mischen. Mit Salz, Pfeffer und Zitronensaft würzen. Das Basilikum waschen, trocken tupfen, die Blätter abzupfen und sehr fein hacken. Unter die Quarkmischung ziehen und etwa 5 Minuten ruhen lassen.

+ Zum Servieren von der Quarkmasse mit einem angefeuchteten Teelöffel Nocken abstechen und auf dem Gemüse anrichten. Mit den Pinienkernen und nach Belieben mit Basilikum bestreut servieren.

Tipp: Im Herbst lässt sich das marinierte Gemüse prima mit Roten Beten und bunten oder gelben Rüben abwandeln.

Die Ernährungs-Docs

Klein, aber fein! Die weiße Mairübe ist die zarteste Vertreterin ihrer Art und nur von Mai bis Juni auf dem Markt. Sie zeichnet sich durch einen leicht süßlichen und dezent rettichähnlichen Geschmack aus. Auch ihre Inhaltsstoffe – Beta-Carotin, Vitamin C, B-Vitamine, Folsäure, Eisen, Zink – können sich sehen lassen. Außerdem liefert sie viele Ballaststoffe, aber kaum Kalorien.

Grillkäse mit Bratpaprika

Für 2 Personen
Zubereitungszeit: 25 Minuten

2 Scheiben Halloumi
(à ca. 100 g)
2 EL raffiniertes Olivenöl
1 TL getrockneter Oregano
250 g Bratpaprika
(Pimientos de padrón)
8 Cocktailtomaten
1 Knoblauchzehe
Salz
2 EL Aceto balsamico
Pfeffer aus der Mühle

Nährwerte pro Portion: 540 kcal, 30 g EW, 42 g F, 8 g KH, 3 g BST, 0,5 BE

+ Den Halloumi trocken tupfen, mit 1 EL Olivenöl bestreichen und mit Oregano bestreuen. Inzwischen die Bratpaprika waschen und trocken tupfen. Die Tomaten waschen und halbieren. Die Knoblauchzehe schälen und in dünne Scheiben schneiden.

+ In einer großen Pfanne das übrige Öl erhitzen und die Bratpaprika darin bei starker Hitze etwa 5 Minuten unter Wenden anbraten. Mit Salz würzen, Tomaten und Knoblauch dazugeben und bei mittlerer Hitze noch etwa 2 Minuten unter Wenden mitbraten. Dann das Gemüse vom Herd nehmen, mit dem Essig beträufeln und mit Salz und Pfeffer würzen, warm halten.

+ Eine Grillpfanne erhitzen und die Halloumi-Scheiben darin auf jeder Seite bei starker Hitze 2 bis 3 Minuten goldbraun braten. Aus der Pfanne nehmen, diagonal halbieren und mit dem Paprikagemüse auf Tellern anrichten.

Tipp: Halloumi ist ein halbfester Käse aus Nordzypern, der sich hervorragend zum Braten und Grillen eignet. Er wird aus einer Mischung von Schafs- oder Ziegenmilch mit Kuhmilch hergestellt. Ersatzweise können Sie auch Bratkäse nur aus Kuhmilch nehmen.

Die Ernährungs-Docs

Abends sind leicht verdauliche Gemüsegerichte ideal, denn der Stoffwechsel schaltet nachts um in den Ruhebetrieb. Genießen Sie Low-Carb-Vegetarisches nach Lust und Laune – mit buntem Gemüse und einer eiweißreichen Beilage. Mittags wird daraus mit 1 Scheibe Eiweißbrot (siehe Seite 87) oder 1 Low-Carb-Brötchen (siehe Seite 88) eine vollwertige Hauptspeise.

Strammer Gemüse-Max

Für 2 Personen
Zubereitungszeit: 25 Minuten

200 g Pfifferlinge
100 g rote und gelbe Snack-Paprikaschoten
2 Frühlingszwiebeln
1½ EL Olivenöl
Salz, Pfeffer aus der Mühle
1 TL Butter
2 Eier
2 Scheiben Roggensauerteigbrot (à ca. 50 g)
½ Knoblauchzehe
100 g Frischkäse (Halbfettstufe)

Nährwerte pro Portion: 380 kcal, 20 g EW, 19 g F, 26 g KH, 9 g BST, 2 BE

+ Die Pfifferlinge putzen, falls nötig, trocken abreiben und je nach Größe ganz lassen, halbieren oder vierteln. Die Paprika längs halbieren, entkernen, waschen und in feine Streifen schneiden. Die Frühlingszwiebeln putzen, waschen und schräg in Ringe schneiden.

+ Das Öl in einer großen beschichteten Pfanne erhitzen und Pfifferlinge, Paprika und Frühlingszwiebeln darin bei mittlerer Hitze unter Wenden etwa 5 Minuten goldbraun braten, mit Salz und Pfeffer würzen. Gleichzeitig die Butter in einer kleinen beschichteten Pfanne zerlassen und die Eier darin zu Spiegeleiern braten. Leicht mit Salz und Pfeffer würzen.

+ Die Brote im Toaster rösten und mit der halben Knoblauchzehe einmal darüberreiben. Die Brote auf der Knoblauchseite mit dem Frischkäse dick bestreichen und auf Teller legen. Das Gemüse darüber verteilen und die Spiegeleier daraufsetzen. Sofort servieren.

Tipp: Wildpilzsaison vorbei? Kein Problem. In gut sortierten Supermärkten bekommen Sie auch tiefgekühlte Pfifferlinge. Oder Sie nehmen einfach Champignons oder Kräuterseitlinge.

Die Ernährungs-Docs

Pfifferlinge sind wertvoll – nicht nur was den Preis betrifft, sondern auch in Hinblick auf ihre Inhaltsstoffe. Der Pilz steckt vom Stiel bis zum Hut voller gesunder Vitamine, Mineralstoffe und Spurenelemente: Beta-Carotin und B-Vitamine, Kalium, Kupfer, Eisen und Fluor.

Gemüsemuffins mit Tomatensalat

Für 2 Personen
Zubereitungszeit: 45 Minuten

Für die Muffins:
80 g tiefgekühlte Erbsen
1 kleine Zwiebel
120 g Zucchini
1 rote Paprikaschote
4 Stiele Thymian
2 EL Olivenöl
Salz, Pfeffer aus der Mühle
3 Eier
5 EL Milch (1,5 % Fett)
40 g geriebener Parmesan
80 g Mandelmehl (siehe Tipp)
2 EL Mandelstifte
Öl oder 8 Papierbackförmchen für das Blech

Für den Salat:
1 Romanasalat
150 g bunte Cocktailtomaten
2 Frühlingszwiebeln
2 EL Aceto balsamico bianco
Salz, Pfeffer aus der Mühle
2 EL kalt gepresstes Olivenöl

Nährwerte pro Portion (1 Muffin mit Salat): 310 kcal, 13 g EW, 21 g F, 11 g KH, 6 g BST, 1 BE

+ Für die Muffins die Erbsen antauen lassen. Die Zwiebel schälen und in feine Würfel schneiden. Zucchini putzen, waschen und in kleine Würfel schneiden. Paprika längs halbieren, entkernen, waschen und in kleine Würfel schneiden. Den Thymian waschen, trocken schütteln, Blätter abzupfen und fein hacken. Zwiebel in einer Pfanne im Öl andünsten. Zucchini, Paprika, Erbsen und Thymian dazugeben und 2 bis 3 Minuten anbraten, mit Salz und Pfeffer würzen. Vom Herd nehmen und etwas abkühlen lassen. Den Backofen auf 180 °C vorheizen.

+ 8 Mulden eines Muffinblechs fetten oder mit Papierbackförmchen auslegen. Eier mit Milch, Käse und Mandelmehl verquirlen, Gemüse untermischen und auf die Mulden verteilen, mit Mandeln bestreuen. Die Muffins im Ofen auf der mittleren Schiene 30 Minuten goldbraun backen. Herausnehmen und vor dem Servieren kurz abkühlen lassen.

+ Inzwischen den Romanasalat in einzelne Blätter teilen, waschen, trocken schleudern und in mundgerechte Stücke zupfen. Tomaten waschen und halbieren. Frühlingszwiebeln putzen, waschen und weiße und hellgrüne Teile in dünne Ringe schneiden. Für die Vinaigrette Essig, Salz, Pfeffer und Olivenöl verrühren. Salat, Tomaten und Frühlingszwiebeln auf Teller verteilen und mit der Vinaigrette beträufeln. Je 1 Muffin dazu anrichten. Die übrigen 6 Muffins können Sie 2 bis 3 Tage im Kühlschrank aufbewahren oder portionsweise einfrieren.

Die Ernährungs-Docs

Mandelmehl gilt als bestes Low-Carb-Mehl. Es entsteht als Nebenprodukt bei der Gewinnung von Mandelöl und enthält als „entölte" oder „teilentölte" Variante nur wenig Fett und Kohlenhydrate, aber viel Eiweiß und Ballaststoffe, es sättigt also gut. Zudem ist es glutenfrei und macht Teige mit Weizen- oder Dinkelmehl leicht und locker. Sehr fein gemahlene Mandeln, die auch als „nicht entöltes" Mandelmehl verkauft werden, bestehen zu mehr als 50 Prozent aus Fett und eignen sich weniger gut zum Backen.

Asia-Nudelsalat mit Erdnüssen

Für 2 Personen
Zubereitungszeit: 20 Minuten

150 g Konjaknudeln (Shirataki, siehe Tipp)
250 g Salatgurke
je 1 rote und gelbe Spitzpaprikaschote
4 Baby-Pak-Choi (ca. 150 g)
1 kleine rote Zwiebel
1 Stück Ingwer (ca. 10 g)
1 kleine rote Chilischote
2 EL Limettensaft
2 EL helle Sojasauce
150 ml Buttermilch
Salz, Pfeffer aus der Mühle
3 Stiele Koriandergrün
2 EL geschälte Erdnusskerne

Nährwerte pro Portion: 160 kcal, 10 g EW, 7 g F, 12 g KH, 6 g BST, 1 BE

+ Die Nudeln in einem Sieb abbrausen und in kochendem Wasser nach Packungsanweisung etwa 3 Minuten weich garen. In ein Sieb abgießen und in einer Schüssel mit kaltem Wasser beiseitestellen.

+ Inzwischen die Gurke waschen, längs halbieren, nach Belieben die Kerne mit einem Teelöffel entfernen und die Hälften in dünne Scheiben schneiden. Die Paprika längs halbieren, entkernen, waschen und in dünne Streifen schneiden. Den Pak Choi putzen, waschen und quer in breite Streifen schneiden. Die Zwiebel schälen, halbieren und in feine Streifen schneiden. Ingwer schälen und fein hacken. Die Chili längs halbieren, entkernen, waschen und in feine Würfel schneiden.

+ In einer großen Schüssel den Limettensaft mit Sojasauce und Buttermilch gründlich verrühren und Ingwer und Chili untermischen. Die Nudeln mit dem Gemüse zum Dressing geben und darin wenden, mit Salz und Pfeffer würzen.

+ Das Koriandergrün waschen, trocken tupfen und die Blätter abzupfen. Die Erdnüsse grob hacken. Korianderblätter und Nüsse zum Servieren über den Salat streuen.

Tipp: Der Salat lässt sich gut vorbereiten und eignet sich prima als Snack für die Mittagspause. Dazu als Eiweißergänzung pro Portion am besten noch 50 g geräucherten Lachs (in Scheiben) servieren.

Die Ernährungs-Docs

Konjaknudeln sind für Diabetiker eine ideale Pasta-Alternative. Sie bestehen nur aus Wasser und dem ballaststoffreichen Mehl der Konjakwurzel. Außerdem sind sie kohlenhydrat- und glutenfrei, rein pflanzlich und enthalten kaum Fett. Die Verstoffwechslung dieser Nudeln entlastet die Bauchspeicheldrüse, da sie unabhängig von Insulin verwertet werden. Ihr niedriger Kaloriengehalt (ca. 5 g/100 g) unterstützt die Gewichtsabnahme.

Grüner Bohnensalat mit Bündner Fleisch

Für 2 Personen
Zubereitungszeit: 30 Minuten

300 g grüne Bohnen
Salz
1 rote Zwiebel
2 EL Apfelessig
1 TL mittelscharfer Senf
Pfeffer aus der Mühle
2 EL kalt gepresstes Olivenöl
100 g Radieschen
1 kleiner säuerlicher Apfel (z.B. Elstar)
50 g Bergkäse
½ Bund Schnittlauch
50 g Bündner Fleisch (in Scheiben)

Nährwerte pro Portion: 440 kcal, 28 g EW, 27 g F, 18 g KH, 5 g BST, 1,5 BE

+ Die Bohnen putzen und nach Belieben halbieren, in kochendem Salzwasser 6 bis 7 Minuten garen. Dann in ein Sieb abgießen, kalt abschrecken und gut abtropfen lassen.

+ Inzwischen die Zwiebel schälen und in dünne Scheiben schneiden. Mit etwas Salz mischen und mit den Händen 2 bis 3 Minuten kräftig durchkneten. Dann in einer Schüssel Essig, 1 EL Wasser, Senf, Salz, Pfeffer und Olivenöl verrühren und die Zwiebelringe und grünen Bohnen untermischen.

+ Die Radieschen putzen, waschen und in dünne Scheiben schneiden. Den Apfel waschen, vierteln, entkernen und quer in dünne Scheiben schneiden. Den Bergkäse ebenfalls in dünne Scheiben schneiden. Radieschen, Apfel und Käse unter den Bohnensalat mischen.

+ Den Schnittlauch waschen, trocken schütteln, in feine Röllchen schneiden und unterheben. Zum Servieren den Salat mit dem Bündner Fleisch anrichten und mit Pfeffer bestreuen.

Tipp: Statt des Schweizer Bündner Fleisches können Sie auch Bresaola, die italienische Spezialität aus getrocknetem Rindfleisch, für den Salat verwenden.

Die Ernährungs-Docs

Frische, knackige grüne Bohnen sind gut für Diabetiker, weil sie eine Reihe von essenziellen Aminosäuren liefern und damit einen wichtigen Beitrag zur Eiweißversorgung leisten. Außerdem sind die Schoten reich an Kalium für ein starkes Herz und eine gute Quelle für Magnesium und Kalzium. Bohnen-Saponine (sekundäre Pflanzenstoffe) schützen vor Krebs und sollen gegen Entzündungen und Bakterien helfen.

Buchweizenrollen mit Schinken-Möhren-Füllung

Für 2 Personen
Zubereitungszeit: 45 Minuten

Für die Pfannkuchen:
100 g Buchweizenmehl
60 g Dinkelmehl (Type 1050)
½ TL Salz
1 TL Weinsteinbackpulver
3 EL Olivenöl

Für die Füllung:
1 mittelgroße Möhre
50 g junger Spinat
¼ Kästchen Gartenkresse
100 g Frischkäse (Halbfettstufe)
4 dünne Scheiben Parma- oder Serranoschinken (ca. 50 g)
4 TL Basilikum-Pesto
2 EL Parmesan-Späne
Pfeffer aus der Mühle

Nährwerte pro Portion (1 Pfannkuchen mit Füllung): 500 kcal, 23 g EW, 30 g F, 33 g KH, 4 g BST, 3 BE

+ Für die Pfannkuchen Buchweizen- und Dinkelmehl, Salz und Backpulver in einer Schüssel mit 2 EL Olivenöl und 250 bis 260 ml Wasser mit einem Schneebesen so lange verrühren, bis ein glatter Teig entstanden ist. Den Teig zugedeckt etwa 10 Minuten quellen lassen.

+ Inzwischen für die Füllung die Möhre putzen, schälen und grob raspeln. Den Spinat verlesen, waschen und trocken schleudern, grobe Stiele entfernen. Die Kresse vom Beet abschneiden, waschen und trocken tupfen.

+ Eine beschichtete Pfanne (24 cm Durchmesser) mit 1 TL Olivenöl einfetten. Pro Pfannkuchen 2 kleine Schöpfkellen Teig in die Pfanne geben, durch Schwenken rasch in der Pfanne verteilen und auf jeder Seite 2 Minuten backen. Die Pfannkuchen herausnehmen, auf einen mit Küchenpapier ausgelegten Teller legen und warm halten.

+ Zum Füllen 2 Pfannkuchen mit dem Frischkäse bestreichen. Mit Möhren bestreuen und mit Schinken belegen. Spinat darauf verteilen, mit dem Pesto beträufeln und mit Kresse, Käse und Pfeffer bestreuen. Die Seiten etwas über die Füllung klappen und die Fladen eng aufrollen. Die übrigen Pfannkuchen abkühlen lassen und mit Pergamentpapier übereinandergelegt einfrieren – einzeln eignen sie sich als Snack für zwischendurch, zwei ergeben eine Hauptmahlzeit.

Die Ernährungs-Docs

Buchweizen ist das perfekt für Diabetiker: Er enthält Chiro-Inositol, das den Blutzuckerspiegel niedrig halten kann. Mit rund 10 Prozent hochwertigem Eiweiß gehört er zu den Stars unter Getreide und Pseudogetreide und liefert alle acht lebensnotwendigen Aminosäuren. Außerdem punktet Buchweizen mit Vitaminen (B_1, B_2, E) sowie Mineralstoffen (Kalium, Eisen, Kalzium).

Brokkoli-Linsen-Salat mit Makrele

Für 2 Personen
Zubereitungszeit: 30 Minuten

300 g Brokkoli
1 kleine Zwiebel
4 EL Orangensaft
2 EL Weißweinessig
2 EL Olivenöl
Salz, Pfeffer aus der Mühle
1 TL geriebener Meerrettich (aus dem Glas)
1 Dose Linsen (240 g Abtropfgewicht)
125 g Cocktailtomaten
4 Stiele Basilikum
2 geräucherte Makrelenfilets (ca. 150 g, mit Haut)

Nährwerte pro Portion: 380 kcal, 17 g EW, 27 g F, 13 g KH, 6 g BST, 1 BE

+ Den Brokkoli putzen, waschen und in Röschen teilen, die Stiele schälen und in kleine Würfel schneiden. Die Zwiebel schälen und in feine Würfel schneiden.

+ Die Zwiebelwürfel mit Orangensaft, Essig und Olivenöl in einem kleinen Topf einmal aufkochen. Den Brokkoli dazugeben und zugedeckt bei mittlerer Hitze etwa 3 Minuten dünsten. Vom Herd nehmen und mit Salz, Pfeffer und Meerrettich würzen.

+ Inzwischen die Linsen in einem Sieb abbrausen und gut abtropfen lassen. Die Tomaten waschen und halbieren. Linsen und Tomaten vorsichtig unter den Brokkoli mischen.

+ Das Basilikum waschen, trocken tupfen und die Blätter abzupfen. Die Makrelenfilets häuten und in mundgerechte Stücke teilen. Den Salat mit den Makrelenstücken belegen, mit Basilikum bestreuen und mit Pfeffer würzen.

Tipp: Der Salat lässt sich wunderbar vorbereiten und hält sich gut verschlossen 2 Tage im Kühlschrank.

Die Ernährungs-Docs

Grünes Licht für Brokkoli! Er ist für Diabetiker eine gute Empfehlung und sollte öfter auf dem Speiseplan stehen. Das Geheimnis liegt wahrscheinlich in der Verbindung Sulforaphan, die das Kohlgemüse enthält. Es fördert die Produktion von Enzymen, die Blutgefäße schützen, und reduziert die Anzahl der zellschädigenden Moleküle. Weitere wertvolle Inhaltsstoffe sind Kalzium und Magnesium für den Knochenaufbau sowie reichlich Vitamin C zur Stärkung des Immunsystems.

Frühlingsgemüse mit Thunfischcreme

Für 2 Personen
Zubereitungszeit: 30 Minuten

400 g grüner Spargel
250 g Bundmöhren
Salz
30 g Rucola
1 Dose Thunfisch
(im eigenen Saft; 140 g Abtropfgewicht, siehe Tipp)
2 EL Crème légère
2 EL kalt gepresstes Olivenöl
100 g saure Sahne
1–2 TL Zitronensaft
Pfeffer aus der Mühle
1 EL Kapern

Nährwerte pro Portion: 420 kcal, 25 g EW, 27 g F, 15 g KH, 6 g BST, 1 BE

+ Den Spargel waschen und im unteren Drittel schälen, die holzigen Enden entfernen. Die Möhren putzen, schälen und längs halbieren. Möhren und Spargel in kochendem Salzwasser bei mittlerer Hitze etwa 7 Minuten garen, in ein Sieb abgießen, kalt abschrecken und gut abtropfen lassen. Das Gemüse auf zwei Teller verteilen.

+ Inzwischen den Rucola verlesen, waschen und trocken schleudern, grobe Stiele entfernen. Den Thunfisch in einem Sieb abtropfen lassen und in einen hohen Rührbecher geben. Die Crème légère und das Olivenöl dazugeben und alles mit dem Stabmixer fein pürieren. Zuletzt die saure Sahne unterrühren.

+ Die Thunfischcreme mit Salz und Zitronensaft würzen und über dem Gemüse verteilen, mit Pfeffer würzen. Zum Servieren die Kapern abtropfen lassen und mit dem Rucola über das Gemüse streuen.

Die Ernährungs-Docs

Thunfisch aus der Konserve ist nicht so wertvoll wie die frische Variante, weil er beim Eindosen erhitzt wird und dabei einen Teil seiner Nährstoffe einbüßt. Dennoch enthält auch Dosenthunfisch viel hochwertiges Eiweiß, gesunde Omega-3-Fettsäuren und wenig Kalorien, vor allem, wenn er im eigenen Saft schwimmt. Genießen Sie Thunfisch eher selten und ganz bewusst! Machen Sie sich vor dem Einkauf in dem Fischereiratgeber unter www.greenpeace.de kundig und bevorzugen Sie Sorten mit grüner Bewertung wie Gelbflossenthunfisch und Bonito.

Matjes mit Kräuter-Gurken-Quark

Für 2 Personen
Zubereitungszeit: 20 Minuten

250 g Magerquark
100 g Naturjoghurt (1,5 % Fett)
Salz, Pfeffer aus der Mühle
Zucker
300 g Salatgurke
3 dünne Frühlingszwiebeln
1 Bund gemischte Kräuter
(z.B. Basilikum, Dill, Estragon, Petersilie, Sauerampfer; ca. 100 g)
1–2 TL Weißweinessig
4 Matjesfilets
(ca. 250 g, siehe Tipp)

Nährwerte pro Portion: 510 kcal, 38 g EW, 32 g F, 14 g KH, 3 g BST, 1 BE

+ Den Quark mit dem Joghurt, etwas Salz, Pfeffer und 1 Prise Zucker glatt verrühren. Die Gurke schälen, längs halbieren und die Kerne mit einem Teelöffel entfernen. Die Gurkenhälften in etwa ½ cm große Würfel schneiden. Die Frühlingszwiebeln putzen, waschen und die weißen und hellgrünen Teile in dünne Ringe schneiden. Gurken und Frühlingszwiebeln unter die Quarkmischung heben.

+ Die Kräuter waschen, trocken schütteln, die Blätter abzupfen und einige zum Garnieren beiseitelegen. Den Rest fein hacken und unter die Quarkmischung heben. Den Quark mit Essig, Salz und Pfeffer abschmecken. Je 2 Matjesfilets mit dem Kräuterquark anrichten und mit den beiseitegelegten Kräutern und nach Belieben mit Zitronenscheiben garnieren.

Tipp: Mit Pellkartoffeln als Beilage wird aus dem Matjes mit Kräuterquark im Handumdrehen ein Hauptgericht – am besten nehmen Sie pro Person 2 kleine Kartoffeln (à ca. 50 g).

Die Ernährungs-Docs

Matjesfilets sind immer ein guter Fang: Denn in den in Salzlake eingelegten jungen Heringen stecken reichlich Omega-3- und Omega-6-Fettsäuren, die das Risiko von Herz-Kreislauf-Erkrankungen senken können. Außerdem glänzen die Fische mit einem Topgehalt an Vitamin D, das die Knochen stärkt und vor Osteoporose schützt.

Gekühlte Gemüsesuppe mit Feta

Für 2 Personen
Zubereitungszeit: 25 Minuten
Kühlen: 30 Minuten

250 g Salatgurke
300 g Tomaten
150 g rote Spitzpaprikaschote
300 ml kalte Gemüsebrühe
2 EL Ajvar (milde oder scharfe Paprikapaste)
2 EL Weißweinessig
1½ EL kalt gepresstes Olivenöl
Salz, Pfeffer aus der Mühle
1 Scheibe Vollkornbrot (ca. 40 g)
100 g Feta (Schafskäse)

Nährwerte pro Portion: 360 kcal, 12 g EW, 26 g F, 17 g KH, 5 g BST, 1 BE

+ Die Gurke waschen. Die Tomaten waschen und vierteln, dabei die Stielansätze entfernen. Die Paprika längs halbieren, entkernen und waschen. Von allen drei Gemüsesorten jeweils 50 g in kleine Würfel schneiden und zugedeckt beiseitestellen.

+ Das restliche Gemüse in grobe Stücke schneiden und mit Brühe, Ajvar, Essig, 1 EL Olivenöl und etwas Salz im Mixer oder in einem hohen Rührbecher mit dem Stabmixer fein pürieren. Die Suppe mit Salz und Pfeffer würzen und zugedeckt etwa 30 Minuten kühl stellen.

+ Inzwischen das Brot entrinden und in kleine Würfel schneiden. Das übrige Olivenöl in einer kleinen Pfanne erhitzen und die Brotwürfel darin bei schwacher Hitze unter Rühren etwa 5 Minuten knusprig rösten. Herausnehmen, mit Salz und Pfeffer würzen und abkühlen lassen. Den Feta grob zerbröckeln.

+ Zum Servieren die Gemüsesuppe mit den beiseitegestellten Gemüsewürfeln, Croûtons und Feta bestreut servieren. Nach Belieben mit Gartenkresse garnieren.

Tipp: Für die Mittagspause können Sie die kalte Gemüsesuppe in einer Thermoskanne und die Gemüse- und Brotwürfel sowie den Feta separat in kleinen Frischhaltebehältern mitnehmen.

Die Ernährungs-Docs

Was gibt es im Sommer Erfrischenderes, als mittags eine herrlich kühle vegetarische Suppe zu löffeln? Damit wird das Vitalstoffkonto Ihres Körpers optimal aufgefüllt. Vorausgesetzt, das Gemüse wird nur gründlich gewaschen, aber nicht geschält. Denn zellschützende Inhaltsstoffe wie zum Beispiel das Flavonoid Quercetin und Vitamin C in Tomaten und Beta-Carotin in Paprika sitzen überwiegend in der Schale. Daher am besten Bio-Ware kaufen.

Kräuter-Spargel-Cremesuppe mit Ei

Für 2 Personen
Zubereitungszeit: 45 Minuten

300 g grüner Spargel
150 g vorwiegend festkochende Kartoffeln
2 TL Butter
Salz, Pfeffer aus der Mühle
400 ml Gemüsebrühe
100 ml Milch (1,5 % Fett)
2 Eier
½ Bund Petersilie
30 g Kerbel
100 g Crème légère
1–2 TL Zitronensaft

Nährwerte pro Portion: 380 kcal, 15 g EW, 25 g F, 21 g KH, 4 g BST, 2 BE

+ Den Spargel waschen, im unteren Drittel schälen und die holzigen Enden entfernen. Die Stangen schräg in Stücke schneiden. Die Kartoffeln schälen, waschen und in Würfel schneiden.

+ Die Butter in einem Topf zerlassen und Spargel und Kartoffeln darin bei mittlerer Hitze etwa 3 Minuten andünsten, mit Salz und Pfeffer würzen. Die Brühe und Milch dazugießen, alles aufkochen und mit geschlossenem Deckel bei mittlerer Hitze etwa 20 Minuten garen.

+ Inzwischen die Eier in kochendem Wasser 4 bis 5 Minuten wachsweich kochen. Kalt abschrecken, pellen und halbieren. Die Kräuter waschen, trocken schütteln, die Blätter abzupfen und 2 EL zum Garnieren beiseitelegen. Die übrigen Kräuter mit der Crème légère zur Suppe geben und alles mit dem Stabmixer fein pürieren (nach Belieben einige Spargelstücke zum Garnieren beiseitelegen).

+ Die Suppe mit Salz, Pfeffer und Zitronensaft abschmecken und mit den Eiern anrichten. Mit den beiseitegelegten Kräutern bestreut servieren und nach Belieben mit den übrigen Spargelstücken garnieren.

Tipp: Dazu schmecken Parmesanchips. Dafür 50 g geriebenen Parmesan mit einem Esslöffel auf einem mit Backpapier belegten Backblech verteilen und im auf 200 °C vorgeheizten Backofen auf der mittleren Schiene 8 bis 10 Minuten goldbraun backen. Herausnehmen, auf dem Blech abkühlen lassen und in kleine Chips brechen.

Die Ernährungs-Docs

Vitalstoffe von der Stange: Ziehen Sie grünen Spargel dem weißen vor. Er wächst über der Erde und entwickelt dank des getankten Sonnenlichts noch mehr Vitamine und Mineralstoffe – viel Vitamin C und Folsäure für das Zellwachstum, außerdem Eisen und Kalium, das den Wasserhaushalt und Blutdruck reguliert. Allerdings enthält grüner Spargel weniger nierenaktivierendes Asparagin.

Asia-Gemüse-Nudelsuppe

Für 2 Personen
Zubereitungszeit: 30 Minuten

1 Stück Ingwer (ca. 30 g)
1 Knoblauchzehe
½ rote Chilischote
1 kleiner Kohlrabi
150 g Möhren
100 g Shiitake-Pilze
100 g Zuckerschoten
200 g Tofu natur
4 Stiele Koriandergrün
1 EL Rapskernöl
2 TL geröstetes Sesamöl
¾ l Gemüsebrühe
4 EL Sojasauce
25 g Reisnudeln (ca. 3 mm breit)
2 TL Limettensaft

Nährwerte pro Portion: 480 kcal, 24 g EW, 25 g F, 37 g KH, 11 g BST, 3 BE

+ Ingwer und Knoblauch schälen, Chili entkernen und waschen, alles in kleine Würfel schneiden. Kohlrabi putzen, schälen, halbieren und in etwa ½ cm dicke Spalten schneiden. Möhren putzen, schälen und schräg in etwa ½ cm dicke Scheiben schneiden. Von den Pilzen die Stiele entfernen, die Pilze je nach Größe halbieren oder vierteln. Die Zuckerschoten waschen, putzen und schräg halbieren. Den Tofu trocken tupfen und in etwa 2 cm große Würfel schneiden. Den Koriander waschen, trocken tupfen und die Blätter abzupfen.

+ Ingwer, Knoblauch und Chili in einer Pfanne in beiden Ölsorten bei mittlerer Hitze 3 Minuten andünsten. Kohlrabi und Möhren dazugeben und kurz mitdünsten. Brühe und 2 EL Sojasauce dazugeben, alles aufkochen und mit geschlossenem Deckel bei mittlerer Hitze etwa 7 Minuten garen.

+ Inzwischen die Nudeln in kochendem Wasser nach Packungsanweisung 1 bis 2 Minuten bissfest garen, in ein Sieb abgießen, kalt abschrecken und abtropfen lassen. Auf Suppenschalen verteilen.

+ Pilze, Zuckerschoten und Tofu in die Suppe geben, alles nochmals aufkochen und etwa 5 Minuten garen. Mit der übrigen Sojasauce und Limettensaft würzen. Die Suppe sofort auf die Suppenschalen verteilen und mit Koriander bestreut servieren. Nach Belieben die Suppe zum Servieren mit 1 EL gerösteten Sesamsamen garnieren.

Die Ernährungs-Docs

Tofu ist eine gute Alternative für alle, die den Fleisch- und Fischverzehr zurückschrauben oder ganz darauf verzichten möchten. Der kalorienarme „Sojaquark" liefert wertvolles Eiweiß und macht angenehm und lange satt. Das ist günstig, wenn es ums Abnehmen geht. Denn bei einer proteinreichen Mahlzeit verbrennt der Körper mehr Kalorien als nach einem Essen mit viel Fett und Kohlenhydraten. Eiweiße heißen deshalb auch „Energie-Booster".

Blitzrezepte für unterwegs

Gesund ernähren unterwegs oder am Arbeitsplatz, aber leider kaum Zeit zum Kochen? Das muss nicht sein! Wir stellen Ihnen fünf Blitzrezepte vor, die Sie im Handumdrehen (am Abend vorher) vorbereiten und dann bequem ins Büro mitnehmen können!

Rohkost-Sticks mit Kichererbsen-Quark-Dip

+ Für 2 Personen: **400 g gemischtes Gemüse** (z.B. Möhren, Kohlrabi, Zucchini, Gurke, Paprikaschote) in gleich große Sticks schneiden. **4 EL Kichererbsen** (aus der Dose, abgetropft), **1 EL Zitronensaft** und **2 EL Olivenöl** in einem hohen Rührbecher mit dem Stabmixer fein pürieren. **250 g Magerquark** untermischen, mit **Salz und Pfeffer** würzen. **3 Stiele Koriandergrün** hacken und unterheben. Dip zu den Gemüsesticks servieren.

Nährwerte pro Portion: 320 kcal,
20 g EW, 16 g F, 20 g KH, 5 g BST, 1,5 BE

Bunter Couscous-Schichtsalat

+ Für 2 Personen: **60 g Instant-Couscous** und **100 g tiefgekühlte Erbsen** mit **150 ml kochender Gemüsebrühe** übergießen und zugedeckt 3 Minuten quellen lassen. **30 g jungen Blattspinat** verlesen, **60 g jungen Gouda** würfeln und **200 g Cocktailtomaten** halbieren. **2 EL Aceto balsamico bianco** und **1 EL Zitronensaft, Salz, Pfeffer,** 4 EL Wasser und **2 EL Olivenöl** verquirlen. Erbsen-Couscous, Tomaten, Käse, Spinat und **2 EL Pinienkerne** mit der Vinaigrette in Gläser schichten.

Nährwerte pro Portion: 440 kcal,
19 g EW, 24 g F, 33 g KH, 7 g BST, 3 BE

Rote-Bete-Linsen-Salat mit Feta

+ Für 2 Personen: **300 g Rote Bete** (gegart; vakuumverpackt) und **1 säuerlichen Apfel** würfeln. **30 g Walnüsse** und **½ Bund Petersilie** hacken. **2 EL Aceto balsamico, 1 TL körnigen Senf, Salz, Pfeffer** und **2 EL Walnussöl** verrühren. **130 g Linsen** (aus der Dose, abgetropft), Bete, Apfel, Nüsse und Kräuter untermischen. **100 g Feta** grob zerbröckeln und daraufstreuen.
Nährwerte pro Portion: 500 kcal,
15 g EW, 35 g F, 28 g KH, 7 g BST, 2 BE

Tomaten-Curry-Suppe mit Ricotta-Nocken

+ Für 2 Personen: **1 Dose stückige Tomaten (400 g)** mit **100 ml Kokosmilch (fettreduziert; mind. 12 % Fett), 100 ml Gemüsebrühe** und **1–2 TL roter Thai-Currypaste** aufkochen. Mit geschlossenem Deckel 5 Minuten köcheln, fein pürieren, salzen und pfeffern. **1 Frühlingszwiebel** in Ringe schneiden. Mit zwei Teelöffeln von **150 g Ricotta** Nocken abstechen und auf die Suppe setzen, mit Frühlingszwiebeln bestreut servieren.
Nährwerte pro Portion: 200 kcal,
11 g EW, 13 g F, 8 g KH, 3 g BST, 0,5 BE

Zucchini-Lachs-Salat

+ Für 2 Personen: **400 g Zucchini** putzen, waschen, mit dem Spiralschneider in dünne Streifen schneiden und in einer Pfanne in **2 EL Olivenöl** bei starker Hitze 1 bis 2 Minuten andünsten, dann vom Herd nehmen. **100 g Räucherlachs (in Scheiben)** in breite Streifen schneiden, **6 Blätter Basilikum** hacken. Beides mit **2 EL Kürbiskernen** unter die Zucchini mischen. Mit **2 EL Zitronensaft, Salz** und **Pfeffer** würzen.
Nährwerte pro Portion: 300 kcal,
18 g EW, 23 g F, 5 g KH, 3 g BST, 0 BE

HAUPTGERICHTE

Kennen Sie die schlanken Verwandten von Spaghetti und Pizza? Probieren Sie die Klassiker doch mal in unserer Low-Carb-Variante. Lassen Sie sich von unseren köstlichen Rezeptideen inspirieren, die garantiert leicht nachzukochen sind. Ob mit oder ohne Fleisch – stets stimmt die Eiweißbilanz. Genuss für jeden Tag!

Rote-Bete-Eintopf mit Räuchertofu

Für 2 Personen
Zubereitungszeit: 40 Minuten

1 Zwiebel
2 Möhren
300 g Weißkohl
200 g Rote Beten
2 EL Olivenöl
2 Lorbeerblätter
1 TL ganzer Kümmel
800 ml Gemüsebrühe
Salz, Pfeffer aus der Mühle
½ TL gemahlener Koriander
200 g Räuchertofu
1–2 EL Rotweinessig
5 Stiele Schnittlauch
100 g Sojajoghurt natur

Nährwerte pro Portion: 420 kcal, 21 g EW, 26 g F, 21 g KH, 9 g BST, 2 BE

+ Die Zwiebel schälen und in feine Würfel schneiden. Die Möhren putzen, schälen und schräg in ½ cm dicke Scheiben schneiden. Vom Weißkohl die äußeren Blätter und den harten Strunk entfernen, die Blätter in 2 bis 3 cm große Stücke schneiden. Die Roten Beten putzen, schälen (am besten mit Einmalhandschuhen arbeiten!) und erst in etwa ½ cm dicke Scheiben, dann in Stifte schneiden.

+ Das Olivenöl in einem Topf erhitzen und die Zwiebel darin 2 bis 3 Minuten andünsten. Möhren, Kohl und Rote Beten hinzufügen und etwa 4 Minuten mitdünsten. Lorbeerblätter und Kümmel dazugeben und ebenfalls kurz mitdünsten. Die Brühe dazugießen und alles mit Salz, Pfeffer und Koriander würzen. Den Eintopf mit geschlossenem Deckel aufkochen und bei mittlerer Hitze etwa 15 Minuten garen.

+ Inzwischen den Tofu trocken tupfen und in etwa 1½ cm große Würfel schneiden. Den Tofu unter den Eintopf mischen und etwa 5 Minuten mitgaren. Mit Salz, Pfeffer und Essig abschmecken. Den Schnittlauch waschen, trocken tupfen und in feine Röllchen schneiden. Zwei Drittel davon unter den Joghurt rühren. Zum Servieren den Eintopf in tiefen Tellern mit je 2 TL Schnittlauchjoghurt anrichten und mit dem übrigen Schnittlauch bestreuen.

Die Ernährungs-Docs

Wer seinem Körper etwas Gutes tun will, sollte bei dem vegetarischen Eintopf aus dem Vollen schöpfen. Warum? Weil Möhren, Weißkohl und Rote Bete zu den stark basenbildenden Lebensmitteln gehören, das heißt, sie werden vom Organismus basisch verstoffwechselt und können Säuren abpuffern. Zudem liefern sie viel Kalium, Magnesium und Eisen, die Körper und Muskeln in Form halten.

Curry-Kokos-Fischeintopf

Für 2 Personen
Zubereitungszeit: 40 Minuten

1/2 l Gemüsebrühe
1/4 l Kokosmilch
(fettreduziert; mind. 12 % Fett)
1 rote Chilischote
1 Knoblauchzehe
1 Stück Ingwer (ca. 20 g)
2 TL gelbe Thai-Currypaste
200 g Brokkoli
150 g Salatgurke
1 kleine rote Paprikaschote
100 g tiefgekühlte Erbsen
250 g Kabeljaufilet
6–8 rohe geschälte Garnelen
(ca. 125 g)
Salz, Pfeffer aus der Mühle
6 Stiele Koriandergrün
2 EL Limettensaft

Nährwerte pro Portion: 470 kcal, 42 g EW, 22 g F, 19 g KH, 8 g BST, 2 BE

+ Die Brühe und die Kokosmilch in einem Topf langsam aufkochen. Inzwischen die Chilischote längs halbieren, entkernen, waschen und in Streifen schneiden. Knoblauch und Ingwer schälen und in dünne Scheiben schneiden. Chili, Knoblauch und Ingwer mit der Currypaste zur Kokosbrühe geben und alles mit geschlossenem Deckel bei mittlerer Hitze etwa 10 Minuten köcheln lassen.

+ Inzwischen den Brokkoli putzen, waschen und in Röschen teilen. Die Gurke schälen, längs halbieren, die Kerne mit einem Löffel entfernen und die Hälften quer in dünne Scheiben schneiden. Die Paprikaschote längs halbieren, entkernen, waschen und in dünne Streifen schneiden. Brokkoli, Gurke, Paprika und tiefgekühlte Erbsen in der Würzbrühe etwa 3 Minuten köcheln lassen.

+ Das Kabeljaufilet waschen, trocken tupfen und in etwa 3 cm große Stücke schneiden. Die Garnelen waschen und trocken tupfen. Kabeljau und Garnelen mit Salz und leicht mit Pfeffer würzen, auf das Gemüse setzen und mit geschlossenem Deckel bei schwacher Hitze etwa 6 Minuten gar ziehen lassen.

+ Inzwischen das Koriandergrün waschen, trocken tupfen, die Blätter abzupfen und grob hacken. Den Eintopf mit Salz, Pfeffer und Limettensaft abschmecken, dabei nur vorsichtig rühren, und mit dem Koriandergrün bestreut servieren.

Die Ernährungs-Docs

Der Fisch-Gemüse-Topf bereichert den Speiseplan, vor allem, wenn man sich gesund ernähren und etwas für seine Figur tun will. Er bringt nicht nur hochwertiges Eiweiß mit, sondern auch viele Vitamine (vor allem A und D) und Mineralstoffe. Zusätzlich liefert der Kabeljau als Seefisch Jod. Bei einem Mangel kann die Schilddrüse nicht genug Hormone bilden. Das bedeutet: Die Unterfunktion der Schilddrüse kann zur Gewichtszunahme führen.

Spinatbratlinge mit Pilz-Tomaten-Sauce

Für 2 Personen
Zubereitungszeit: 45 Minuten

200 g junger Spinat
2 Zwiebeln
2 Knoblauchzehen
3 EL Olivenöl
125 g Ricotta
1 Ei
2 EL Süßlupinenmehl
(aus Reformhaus oder Bio-Laden)
4 EL Vollkornsemmelbrösel
1 TL abgeriebene Schale von
1 Bio-Zitrone
Salz, Pfeffer aus der Mühle
250 g gemischte Pilze
(z.B. Champignons,
Kräuterseitlinge, Pfifferlinge)
2 TL Tomatenmark
1 Dose stückige Tomaten (400 g)
200 ml Gemüsebrühe

*Nährwerte pro Portion: 500 kcal,
28 g EW, 30 g F, 24 g KH,
12 g BST, 2 BE*

+ Den Spinat verlesen, waschen und trocken schleudern, grobe Stiele entfernen. Einige Spinatblätter beiseitelegen. Je 1 Zwiebel und Knoblauchzehe schälen, in feine Würfel schneiden und in einem großen Topf in 1 EL Öl andünsten. Spinat dazugeben und mit geschlossenem Deckel bei mittlerer Hitze 2 bis 3 Minuten zusammenfallen lassen. In einem Sieb abtropfen lassen, ausdrücken und hacken.

+ Ricotta, Ei, Spinat, Süßlupinenmehl und Semmelbrösel in einer Schüssel mischen und mit Zitronenschale, Salz und Pfeffer würzen. Aus der Spinat-Ricotta-Masse mit angefeuchteten Händen 4 Frikadellen formen (Vorsicht, der Teig ist ziemlich feucht!) und auf einem Teller zugedeckt kühl stellen.

+ Für die Sauce die Pilze putzen, falls nötig, trocken abreiben und grob zerkleinern. Übrige Zwiebel und Knoblauch schälen, in feine Würfel schneiden und in einem großen Topf in 1 EL Olivenöl andünsten. Pilze dazugeben und bei mittlerer Hitze unter Rühren 2 bis 3 Minuten mitbraten. Tomatenmark und stückige Tomaten hinzufügen. Die Brühe dazugießen, alles mit Salz und Pfeffer würzen und offen bei mittlerer Hitze etwa 15 Minuten garen, dabei ab und zu umrühren.

+ Inzwischen das übrige Öl in einer beschichteten Pfanne erhitzen und die Frikadellen darin bei mittlerer Hitze auf jeder Seite etwa 5 Minuten hellbraun braten. Herausnehmen, auf Küchenpapier abtropfen lassen und mit der Pilz-Tomaten-Sauce servieren. Mit den übrigen Spinatblättern und nach Belieben mit rotem Basilikum garnieren.

Die Ernährungs-Docs

Spinat liefert wie andere grüne Blattgemüse immunschützende sekundäre Pflanzenstoffe, Hautvitamin A und Zellschutzvitamin K. Kulturpilze sind echte Leichtgewichte: Sie haben wenig Kalorien, Fett und Kohlenhydrate. Dafür punkten sie mit viel Eiweiß und Vitamin D. Auch das Süßlupinenmehl ist eine gute Proteinquelle.

Walnuss-Sellerie-Schnitzel mit Möhrenfrischkäse

Für 2 Personen
Zubereitungszeit: 40 Minuten

1 Knollensellerie
(ca. 500 g; ersatzweise Kohlrabi)
Salz
1 kleine Möhre
½ Kästchen Gartenkresse
200 g körniger Frischkäse
(Hüttenkäse)
1–2 TL Zitronensaft
Pfeffer aus der Mühle
30 g Walnusskerne
4 EL Vollkornsemmelbrösel
1 Ei
2 EL Milch (1,5 % Fett)
4 EL Mandelmehl
(siehe Tipp Seite 100)
2 EL Rapskernöl

Nährwerte pro Portion: 560 kcal, 37 g EW, 32 g F, 23 g KH, 16 g BST, 2 BE

+ Den Sellerie putzen, schälen, waschen und in etwa 1 cm dicke Scheiben schneiden. Die Selleriescheiben in kochendem Salzwasser 6 bis 8 Minuten bissfest garen. Herausnehmen, kalt abschrecken und abtropfen lassen. Dann mit Küchenpapier trocken tupfen und lauwarm abkühlen lassen.

+ Inzwischen die Möhre putzen, schälen und grob raspeln. Die Kresse vom Beet abschneiden, waschen und trocken tupfen. Beides unter den Frischkäse rühren und mit Zitronensaft und Pfeffer würzen.

+ Die Walnüsse hacken und mit den Semmelbröseln in einem tiefen Teller mischen. Das Ei und die Milch in einem tiefen Teller verquirlen, mit Salz und Pfeffer würzen. Das Mandelmehl auf einen dritten tiefen Teller geben. Die Selleriescheiben mit Salz und Pfeffer würzen und zunächst im Mandelmehl wenden. Dann durch die Eiermilch ziehen und zuletzt in den Walnussbröseln wenden.

+ Das Öl in einer beschichteten Pfanne erhitzen und die Schnitzel darin bei mittlerer Hitze auf jeder Seite 3 bis 4 Minuten goldbraun braten. Herausnehmen, auf Küchenpapier abtropfen lassen und mit dem Frischkäse servieren. Nach Belieben mit Kresse bestreuen.

Die Ernährungs-Docs

Die Veggie-Schnitzel sind wahre „Goldstücke“: Sellerie besitzt Wirkstoffe (ätherische Öle, Hormone, Bitterstoffe), die Verdauung und Stoffwechsel anregen und überschüssiges Wasser aus dem Körper treiben. Bei den Mineralstoffen punktet das Knollengemüse vor allem mit einem hohen Gehalt an blutbildendem Eisen und immunstärkendem Zink. Walnüsse sind reich an Alpha-Linolensäure (einer Omega-3-Fettsäure), die cholesterinsenkend und herzstärkend wirkt, sowie an B-Vitaminen für den Energiehaushalt.

Lupinenfilet mit Asia-Gemüse

Für 2 Personen
Zubereitungszeit: 35 Minuten

1 EL geschälte Sesamsamen
200 g Lupinenfilet
(siehe Tipp)
300 g Wirsing
je 1 rote und gelbe
Paprikaschote
1 rote Zwiebel
1 rote Peperonischote
2 EL Erdnussöl
4–5 EL Sojasauce
300 ml Gemüsebrühe
1 TL Johannisbrotkernmehl
1–2 EL Limettensaft
2 TL Sambal oelek
(indones. Chili-Würzsauce)

Nährwerte pro Portion: 510 kcal, 33 g EW, 30 g F, 20 g KH, 16 g BST, 2 BE

+ Den Sesam in einer Pfanne ohne Fett goldbraun rösten. Herausnehmen und abkühlen lassen.

+ Lupinenfilet trocken tupfen und in etwa ½ cm breite Scheiben schneiden. Wirsing putzen, waschen und den harten Strunk entfernen, die Blätter in 1 bis 2 cm breite Streifen schneiden. Paprika längs halbieren, entkernen, waschen und in feine Streifen schneiden. Zwiebel schälen, halbieren und ebenfalls in Streifen schneiden. Peperoni längs halbieren, entkernen, waschen und in Streifen schneiden.

+ In einer großen beschichteten Pfanne 1 EL Öl erhitzen und das Lupinenfilet darin portionsweise auf jeder Seite bei starker Hitze 2 bis 3 Minuten hellbraun anbraten. Jeweils herausnehmen, auf einen Teller geben und mit 2 EL Sojasauce beträufeln.

+ Das übrige Öl in der Pfanne erhitzen und Wirsing, Paprika, Zwiebel und Peperoni darin etwa 2 Minuten unter Rühren anbraten. Brühe und 2 EL Sojasauce dazugeben, alles aufkochen und mit geschlossenem Deckel bei mittlerer Hitze 5 bis 8 Minuten garen.

+ Das Johannisbrotkernmehl mit 1 EL kaltem Wasser verrühren, zum Gemüse geben und unter Rühren einmal aufkochen. Das Lupinenfilet hinzufügen und kurz erwärmen. Mit Limettensaft, übriger Sojasauce und Sambal oelek pikant-scharf würzen. Mit Sesam bestreut servieren und nach Belieben mit Shiso-Kresse garnieren. Dazu passt Vollkornreis – pro Person etwa 50 g (Rohgewicht).

Die Ernährungs-Docs

Lupinenfilet ist eine wertvolle Alternative zu Fleisch und wird auf der Basis von heimischen Lupinen hergestellt. Ihre Samen enthalten über 90 Prozent ungesättigte Fettsäuren, wertvolle Proteine mit allen essenziellen Aminosäuren und viele Ballaststoffe. Sie sind frei von Purinen, die im Körper zu Harnsäure abgebaut werden.

Gefüllte Bulgurpaprika mit Gurkenquark

Für 2 Personen
Zubereitungszeit: 35 Minuten
Garen: 30 Minuten

½ Salatgurke (ca. 200 g)
½ Bund Dill
1 kleine Knoblauchzehe
250 g Magerquark
3 EL Milch (1,5 % Fett)
2 EL Zitronensaft
Salz, Pfeffer aus der Mühle
300 ml Gemüsebrühe
60 g Bulgur
je 2 kleine rote und gelbe Paprikaschoten (ca. 500 g)
1 große Tomate
½ Bund Petersilie
½ TL abgeriebene Bio-Zitronenschale
2 EL kalt gepresstes Olivenöl

Nährwerte pro Portion: 430 kcal, 22 g EW, 19 g F, 37 g KH, 10 g BST, 3 BE

+ Für den Quark die Gurke schälen, längs halbieren, die Kerne mit einem Teelöffel entfernen und die Hälften in kleine Würfel schneiden. Den Dill waschen, trocken tupfen, die Spitzen abzupfen und fein hacken. Die Knoblauchzehe schälen, in feine Würfel schneiden und mit Quark und Milch verrühren. Gurkenwürfel und Dill untermischen und alles mit 1 bis 2 TL Zitronensaft, Salz und Pfeffer kräftig würzen. Den Dip zugedeckt kühl stellen.

+ Für die Paprika in einem Topf 150 ml Brühe aufkochen. Den Bulgur hinzufügen und offen bei mittlerer Hitze etwa 10 Minuten garen, bis die Flüssigkeit vollständig eingekocht ist. Dabei ab und zu umrühren.

+ Inzwischen den Backofen auf 200 °C vorheizen. Von den Paprikaschoten einen Deckel abschneiden, die Kerne entfernen und die Schoten waschen. Die Tomate waschen und in kleine Würfel schneiden, dabei Stielansatz und Kerne entfernen. Die Petersilie waschen, trocken tupfen, die Blätter abzupfen und fein hacken.

+ Den Bulgur mit einer Gabel auflockern und mit Tomate und Petersilie in eine Schüssel geben. Mit übrigem Zitronensaft, Zitronenschale und Olivenöl mischen und mit Salz und Pfeffer würzen. Die Paprika mit der Bulgurmasse füllen, nebeneinander in eine kleine Auflaufform stellen und die Paprikadeckel daraufsetzen. Die übrige Brühe dazugießen und die Paprika im Ofen auf der unteren Schiene etwa 30 Minuten garen. Herausnehmen und mit Gurkenquark servieren.

Die Ernährungs-Docs

Bulgur ist geschroteter Weizen und garantiert in dieser Kombination den Sattmachereffekt. Neben einem hochwertigen Eiweißanteil bietet er reichlich Ballaststoffe. Das führt zu einer relativ geringen Blutzuckerwirksamkeit: So hat Bulgur mit 48 einen niedrigeren glykämischen Index (siehe Seite 42) als Weißbrot mit 73.

Mediterraner Flammkuchen

Für 3 Personen
Zubereitungszeit: 30 Minuten
Gehen: 1 Stunde
Backen: 12–14 Minuten

125 g Dinkelvollkornmehl
¼ Würfel Hefe (ca. 10 g)
5 EL Buttermilch
1½ EL Olivenöl
Salz
1 kleine Zucchini (ca. 125 g)
50 g kleine Champignons
100 g Cocktailtomaten
6 schwarze Oliven (entsteint)
60 g Mozzarella
1 Zweig Rosmarin
100 g Frischkäse (Halbfettstufe)
2 EL Schmand
Pfeffer aus der Mühle
Mehl für die Arbeitsfläche
2 Stiele Basilikum

Nährwerte pro Portion: 350 kcal, 16 g EW, 15 g F, 33 g KH, 7 g BST, 3 BE

+ Für den Hefeteig das Dinkelmehl in eine Schüssel geben und in die Mitte eine Mulde drücken. Die Hefe in die Mulde bröckeln und mit 2 EL lauwarmem Wasser verrühren. Die Buttermilch, 1 EL Olivenöl und ¼ TL Salz hinzufügen und alles zu einem glatten Teig verkneten. Den Teig zu einer Kugel formen und zugedeckt an einem warmen Ort etwa 1 Stunde gehen lassen.

+ Inzwischen die Zucchini putzen und waschen. Die Pilze putzen und, falls nötig, trocken abreiben. Die Tomaten waschen, die Oliven abtropfen lassen. Zucchini, Pilze, Tomaten und Oliven in dünne Scheiben schneiden. Den Mozzarella ebenfalls in Scheiben schneiden. Den Rosmarin waschen, trocken tupfen, die Nadeln abzupfen und hacken. Frischkäse und Schmand verrühren, mit Salz und Pfeffer würzen.

+ Den Backofen auf 250 °C vorheizen. Den Teig auf der bemehlten Arbeitsfläche durchkneten und auf Backpapier zu einem dünnen Oval ausrollen. Den Teig mit dem Frischkäsemix bestreichen und Zucchini, Pilze, Tomaten, Oliven und Mozzarella darauf verteilen. Mit Salz und Pfeffer würzen, mit Rosmarin bestreuen und mit übrigem Olivenöl beträufeln. Den Flammkuchen samt Backpapier auf ein Backblech ziehen und im Ofen auf der unteren Schiene 12 bis 14 Minuten backen. Inzwischen das Basilikum waschen, trocken tupfen, die Blätter abzupfen. Herausnehmen und mit dem Basilikum bestreut servieren.

Die Ernährungs-Docs

Dinkelvollkornmehl ist eine gute Wahl: Es sättigt länger als das helle feine Mehl. Gemahlen aus dem ganzen Korn, enthält es neben reichlich Mineralstoffen (Natrium, Kalium, Kalzium, Magnesium, Eisen) und Vitaminen (B_1, B_2, B_3, B_6, A, C, E) viele Ballaststoffe, die die schnellen Kohlenhydrate bremsen, sodass sie nur langsam ins Blut gelangen. Eine schlanke, aber ebenso schmackhafte Alternative zum Original aus dem Elsass.

Lauchnudeln mit Schinken

Für 2 Personen
Zubereitungszeit: 25 Minuten

600 g Lauch
Salz
100 g Katenschinken
(gewürfelt; aus dem Kühlregal)
125 g Cocktailtomaten
1 Knoblauchzehe
1 EL Olivenöl
1 Ei
100 g Kochsahne (15 % Fett)
1 EL mittelscharfer Senf
Pfeffer aus der Mühle

Nährwerte pro Portion: 290 kcal, 21 g EW, 18 g F, 10 g KH, 5 g BST, 1 BE

+ Den Lauch putzen, waschen und längs in etwa 1 cm breite Streifen schneiden. In kochendem Salzwasser 5 Minuten blanchieren, dann in ein Sieb abgießen, kalt abschrecken und gut abtropfen lassen. Inzwischen die Schinkenwürfel in einer großen Pfanne ohne Fett bei mittlerer Hitze knusprig auslassen. Herausnehmen und auf Küchenpapier abtropfen lassen, dann beiseitestellen.

+ Die Tomaten waschen und halbieren. Die Knoblauchzehe schälen und in feine Würfel schneiden. Das Öl in der Pfanne der Schinkenwürfel erhitzen und Lauch, Tomaten und Knoblauch darin unter Wenden etwa 2 Minuten andünsten. Ei, Sahne und Senf verquirlen und mit wenig Salz und mit Pfeffer würzen. Die Eiersahne unter die Lauchnudeln rühren und sofort vom Herd nehmen, das Ei soll nicht stocken. Mit dem Schinken und nach Belieben mit Kresse bestreut servieren.

Tipp: Zur Abwechlsung können Sie die Lauchstreifen auch einmal durch Zucchini ersetzen. Sie lassen sich im Handumdrehen mit dem Spiralschneider in Spaghetti verwandeln und müssen vorher nicht blanchiert werden – einfach mit Tomaten und Knoblauch dünsten.

Die Ernährungs-Docs

Die schlanke Lösung für Pasta-Fans: Statt Spaghetti kommen hier kohlenhydratarme Lauchnudeln auf den Tisch. Außerdem wird Fett eingespart: Anstelle von normaler Schlagsahne verleiht Kochsahne mit 15 Prozent, nur halb so viel Fett wie normale Sahne, der Sauce Bindung und Geschmack.

Schweinefilet mit Frühlingsgemüse

Für 2 Personen
Zubereitungszeit: 45 Minuten

½ Bund gemischte Kräuter (z. B. Basilikum, Kerbel, Petersilie)
200 g Naturjoghurt (1,5 % Fett)
1 TL Walnussöl
1 TL mittelscharfer Senf
½ EL Weißweinessig
Salz, Pfeffer aus der Mühle
1 Schweinefilet (ca. 350 g)
2 EL geschälte Sesamsamen
2 ½ EL Rapskernöl
1 kleiner Kohlrabi
150 g Möhren
3 Frühlingszwiebeln
100 g Zuckerschoten
50 ml Gemüsebrühe

Nährwerte pro Portion: 560 kcal, 45 g EW, 34 g F, 14 g KH, 5 g BST, 1 BE

+ Die Kräuter waschen, trocken tupfen und die Blätter abzupfen. Mit Joghurt und Walnussöl mit dem Stabmixer pürieren. Den Dip mit Senf und Essig glatt rühren, mit Salz und Pfeffer würzen und kühl stellen.

+ Den Backofen auf 150 °C vorheizen. Das Schweinefilet am dünneren Ende mit einem scharfen Messer ein-, aber nicht durchschneiden. Die Filetspitze umschlagen und mit Küchengarn zusammenbinden, mit Salz und Pfeffer würzen. Den Sesam in einen tiefen Teller geben und das Filet darin rundum wälzen.

+ In einer beschichteten Pfanne 1 ½ EL Öl erhitzen und das Sesamfilet darin bei schwacher bis mittlerer Hitze rundum etwa 5 Minuten hellbraun braten. Herausnehmen, auf einen ofenfesten Teller legen und im Ofen auf der unteren Schiene 20 bis 25 Minuten garen. Bei Bedarf mit Backpapier abdecken, damit der Sesam nicht zu dunkel bräunt. Herausnehmen und warm halten.

+ Inzwischen das Gemüse je nach Sorte putzen und waschen oder schälen. Kohlrabi in schmale Spalten, Möhren und Frühlingszwiebeln schräg in Scheiben schneiden, Zuckerschoten schräg halbieren. Das übrige Öl in einer Pfanne erhitzen, Kohlrabi und Möhren etwa 3 Minuten unter Rühren andünsten. Frühlingszwiebeln und Zuckerschoten dazugeben und weitere 3 Minuten mitdünsten. Mit Salz und Pfeffer würzen, die Brühe dazugießen und alles etwa 2 Minuten dünsten. Zum Servieren das Fleisch in Scheiben schneiden und mit Gemüse und Dip anrichten. Nach Belieben mit frischen Kräutern bestreuen.

Die Ernährungs-Docs

Ein Sonntagsessen, das auch ohne Kohlenhydratbeilage ein echtes Fest ist – und obendrein supergesund: Vitamin B_1 im Schweinefleisch stärkt die Nerven. Knackig-frische Gemüse und Kräuter liefern reichlich zell-, herz- und kreislaufschützende Flavonoide (sekundäre Pflanzenstoffe) und Vitamin C.

Rindersteaks mit Pfannengemüse und Basilikumöl

Für 2 Personen
Zubereitungszeit: 35 Minuten

25 g Basilikum
3 EL Gemüsebrühe
2 EL kalt gepresstes Olivenöl
Salz, Pfeffer aus der Mühle
2 Rinderfiletsteaks (à ca. 150 g)
1½ EL Olivenöl
1 rote Zwiebel
200 g Zucchini
je 2 rote oder gelbe Paprikaschoten
100 g Cocktailtomaten
1 Zweig Rosmarin

Nährwerte pro Portion: 440 kcal, 35 g EW, 28 g F, 9 g KH, 5 g BST, 1 BE

+ Das Basilikum waschen, trocken tupfen, die Blätter abzupfen und im Blitzhacker mit Brühe und kalt gepresstem Olivenöl fein pürieren. Das Basilikumöl mit Salz und Pfeffer würzen. Den Backofen auf 180 °C vorheizen. Das Fleisch auf jeder Seite mit ½ EL Olivenöl bestreichen.

+ Die Zwiebel schälen und in dünne Spalten schneiden. Die Zucchini putzen, waschen und in dünne Scheiben schneiden. Die Paprika längs halbieren, entkernen, waschen und in etwa 3 cm große Stücke schneiden. Die Tomaten waschen und halbieren. Den Rosmarin waschen und trocken tupfen.

+ Eine große beschichtete Pfanne erhitzen und das Fleisch darin bei starker Hitze auf jeder Seite 1 bis 2 Minuten anbraten. Aus der Pfanne nehmen, auf einen ofenfesten Teller legen und rundum mit Salz und Pfeffer würzen. Dann die Steaks im Ofen auf der mittleren Schiene 8 bis 10 Minuten fertig garen. Herausnehmen und warm halten.

+ Inzwischen das übrige Olivenöl in der Pfanne erhitzen und Zwiebel, Zucchini und Paprika mit dem Rosmarinzweig darin bei mittlerer Hitze etwa 5 Minuten braten. Die Tomaten dazugeben und etwa 2 Minuten mitbraten, alles mit Salz und Pfeffer würzen. Zum Servieren die Steaks mit dem Gemüse anrichten und mit Basilikumöl beträufeln, nach Belieben mit Basilikumblättern garnieren.

Die Ernährungs-Docs

Bunt und gesund: Bei diesem Low-Carb-Gericht dürfen Sie beherzt zugreifen. Das Gemüse liefert reichlich Vitamine, Mineralstoffe, sekundäre Pflanzenstoffe und Ballaststoffe – die Garanten für Fitness und Leistungsfähigkeit. Rindfleisch gehört zu den Top-Eisenquellen und stärkt mit viel Zink das Immunsystem.

Frikadellen mit Pastinaken-Kartoffel-Salat

Für 2 Personen
Zubereitungszeit: 45 Minuten
Marinieren: 30 Minuten

250 g Pastinaken
1 Möhre
250 g festkochende Kartoffeln
Salz
5 EL Gemüsebrühe
2–3 EL Weißweinessig
1 kleine rote Zwiebel
Pfeffer aus der Mühle
1 EL zarte Haferflocken
2 EL Milch (1,5 % Fett)
1 Frühlingszwiebel
200 g Rinderhackfleisch
1 Ei (Größe S)
1 EL Olivenöl
1 EL Rapskernöl
½ Bund Schnittlauch

Nährwerte pro Portion: 540 kcal, 29 g EW, 30 g F, 36 g KH, 6 g BST, 3 BE

+ Pastinaken und Möhre putzen, schälen und schräg in dünne Scheiben schneiden. Die Kartoffeln schälen, waschen und ebenfalls in Scheiben schneiden. Das Gemüse in kochendem Salzwasser 5 bis 6 Minuten bissfest garen. Abgießen und kurz ausdampfen lassen.

+ Inzwischen die Brühe erhitzen und den Essig unterrühren. Die Zwiebel schälen, halbieren und in feine Streifen schneiden. Die Pastinaken-Kartoffel-Mischung noch warm mit den Zwiebelstreifen und dem Brühe-Essig-Sud mischen. Alles mit Salz und Pfeffer würzen und etwa 30 Minuten ziehen lassen.

+ Für die Frikadellen die Haferflocken in der Milch etwa 10 Minuten quellen lassen. Inzwischen die Frühlingszwiebel putzen, waschen und in kleine Würfel schneiden. Haferflockenmix, Frühlingszwiebel, Hackfleisch und Ei in eine Schüssel geben, kräftig mit Salz und Pfeffer würzen und zu einer glatten Hackmasse verkneten. Aus der Masse mit angefeuchteten Händen 4 Frikadellen formen. Die Frikadellen in einer Pfanne im Öl auf jeder Seite zuerst bei starker Hitze kurz anbraten, dann bei mittlerer Hitze 8 bis 10 Minuten weiterbraten.

+ Das Rapskernöl unter den Salat mischen, alles nochmals abschmecken. Den Schnittlauch waschen, trocken tupfen und in feine Röllchen schneiden. Den Salat mit Schnittlauch bestreuen. Die Frikadellen mit dem Pastinaken-Kartoffel-Salat servieren.

Die Ernährungs-Docs

Pastinaken sind für Diabetiker gut geeignet. Die Kohlenhydrate liegen in dem Wurzelgemüse als Inulin vor, ein wasserlöslicher Ballaststoff mit Quellwirkung, der vom Dünndarm kaum verdaut wird und keine Insulinausschüttung bewirkt. Stattdessen dient Inulin Darmbakterien als Nahrung und wirkt als Präbiotikum: Die Bakterien säuern das Milieu und stärken die Darmflora gegen Infektionen. Inulin erhöht auch die Kalziumaufnahme aus der Nahrung.

Auberginenpfanne mit Lamm

Für 2 Personen
Zubereitungszeit: 45 Minuten

250 g Lammlachse
(ausgelöster Lammrücken)
3 EL Olivenöl
1 TL Harissa
(marokkan. Gewürzmischung)
200 g Aubergine
1 Zwiebel
1 Knoblauchzehe
2 Tomaten
Salz, Pfeffer aus der Mühle
2 TL Tomatenmark
100 ml Gemüsebrühe
1 Dose Kichererbsen
(240 g Abtropfgewicht)
4 Stiele Petersilie
100 g Naturjoghurt (1,5 % Fett)

Nährwerte pro Portion: 560 kcal, 38 g EW, 29 g F, 31 g KH, 9 g BST, 2,5 BE

+ Die Lammlachse waschen, trocken tupfen und in dünne Streifen schneiden. 1 EL Olivenöl mit dem Harissa verrühren und die Fleischstreifen darin etwa 10 Minuten marinieren. Inzwischen die Aubergine putzen, waschen und in 1 cm große Würfel schneiden. Die Zwiebel schälen, halbieren und in feine Streifen schneiden. Den Knoblauch schälen und in feine Würfel schneiden. Die Tomaten waschen und in kleine Würfel schneiden, die Stielansätze entfernen.

+ Eine große Pfanne erhitzen und die marinierten Lammstreifen darin bei starker Hitze etwa 3 Minuten unter Wenden anbraten. Herausnehmen, mit Salz und Pfeffer würzen und zugedeckt warm halten. Dann das übrige Olivenöl in der Pfanne erhitzen und die Aubergine darin bei mittlerer Hitze etwa 3 Minuten anbraten. Zwiebel und Knoblauch hinzufügen und andünsten. Das Tomatenmark dazugeben und kurz mitdünsten, dann Tomaten und Brühe unterrühren. Alles mit Salz und Pfeffer würzen, mit geschlossenem Deckel aufkochen und bei mittlerer Hitze etwa 10 Minuten garen.

+ Inzwischen Kichererbsen in einem Sieb abbrausen und abtropfen lassen. Mit dem Fleisch unter die Auberginen mischen und alles mit geschlossenem Deckel bei schwacher Hitze noch 5 Minuten garen. Petersilie waschen, trocken tupfen, Blätter abzupfen und fein hacken. Pfanne mit Petersilie bestreut servieren. Den Joghurt dazu reichen.

Tipp: Vegetarier können das Fleisch durch Feta ersetzen: grob zerbröckeln und zum Servieren mit dem Harissa über die Pfanne streuen.

Die Ernährungs-Docs

Kichererbsen sind echte Fitmacher. Wie andere Hülsenfrüchte enthalten sie wenig Fett, aber viel Eiweiß und lösliche, herzstärkende Ballaststoffe – machen also lange satt. Mit ihrem hohen Gehalt an Kalzium, Eisen und dem Antioxidans Vitamin E liefern sie einen wertvollen Beitrag zu einer ausgewogenen Ernährung.

Hirschgulasch mit Topinamburpüree

Für 3 Personen
Zubereitungszeit: 45 Minuten
Garen: 1 Stunde 30 Minuten

500 g Hirschfleisch (aus der Schulter)
Salz, Pfeffer aus der Mühle
1 Zwiebel
1 Knoblauchzehe
1½ EL Olivenöl
1 EL Tomatenmark
125 ml trockener Rotwein
2 Wacholderbeeren
1 Lorbeerblatt
200 ml Wildfond (aus dem Glas)
2 Möhren
1 Fenchelknolle mit Grün
400 g Topinambur
200 g mehligkochende Kartoffeln
100 ml Milch (1,5 % Fett)
frisch geriebene Muskatnuss

Nährwerte pro Portion: 510 kcal, 42 g EW, 18 g F, 27 g KH, 21 g BST, 2 BE

+ Das Fleisch waschen, trocken tupfen und in 2 bis 3 cm große Würfel schneiden, mit Salz und Pfeffer würzen. Zwiebel und Knoblauch schälen und in feine Würfel schneiden. Das Fleisch in einem Bräter im Öl bei starker Hitze rundum etwa 5 Minuten anbraten. Zwiebel und Knoblauch hinzufügen und 2 bis 3 Minuten mitbraten. Tomatenmark dazugeben und kurz andünsten, den Wein dazugießen. Zerdrückte Wacholderbeeren und Lorbeerblatt dazugeben. Das Gulasch mit Salz und Pfeffer würzen und mit geschlossenem Deckel bei mittlerer Hitze etwa 1 Stunde garen, dabei nach und nach den Fond dazugießen.

+ Inzwischen die Möhren putzen, schälen und in Stücke schneiden. Den Fenchel putzen, waschen und das zarte Grün beiseitelegen. Fenchel vierteln, den Strunk entfernen und die Viertel quer in etwa 1 cm breite Streifen schneiden. Möhren und Fenchel nach 1 Stunde Garzeit zum Gulasch geben und alles offen noch etwa 30 Minuten garen.

+ Währenddessen Topinambur und Kartoffeln schälen, waschen, klein schneiden und beides in kochendem Salzwasser etwa 20 Minuten weich garen. Die Milch erhitzen. Topinambur und Kartoffeln abgießen, im Topf stampfen und mit der Milch zu einem groben Püree verrühren. Das Püree mit Salz, Pfeffer und Muskat würzen.

+ Zum Servieren das Fenchelgrün fein hacken. Das Gulasch mit Salz und Pfeffer würzen und mit dem Fenchelgrün oder nach Belieben mit Kresse bestreut servieren, das Topinamburpüree dazu servieren.

Die Ernährungs-Docs

Wildfleisch ist die Top-Alternative zu preiswert produziertem Fleisch aus Massentierhaltung. Denn es gehört zu den besonders eiweißreichen Fleischarten und hat einen niedrigen Fettgehalt mit einem ähnlich hohen Anteil an Omega-3-Fettsäuren wie Lachs. Weitere Vorzüge sind sein hoher Gehalt an Vitaminen der B-Gruppe und Mineralstoffen wie Eisen, Zink und Selen.

Coq au Vin mit Kürbis

Für 2 Personen
Zubereitungszeit: 1 Stunde

100 g Möhren
300 g Butternusskürbis
2 Schalotten
1 Knoblauchzehe
3 Zweige Thymian
2 Hähnchenkeulen (à ca. 250 g)
Salz, Pfeffer aus der Mühle
2 EL Olivenöl
1 TL Dinkelmehl (Type 1050)
100 ml trockener Weißwein
100 ml Hühnerbrühe
250 g Eiertomaten
125 g Champignons
½ Bund Petersilie

Nährwerte pro Portion: 580 kcal, 44 g EW, 32 g F, 17 g KH, 8 g BST, 1 BE

+ Den Backofen auf 190 °C vorheizen. Die Möhren putzen und schälen. Den Kürbis waschen, vierteln, schälen und die Kerne mit einem Löffel entfernen. Möhren und Kürbisfleisch in 1 bis 2 cm große Würfel schneiden. Die Schalotten schälen und längs vierteln. Die Knoblauchzehe schälen und in Scheiben schneiden. Den Thymian waschen und trocken tupfen. Die Hähnchenkeulen im Gelenk teilen, waschen und trocken tupfen, dann mit Salz und Pfeffer würzen.

+ In einem mittelgroßen Bräter 1 EL Olivenöl erhitzen und die Keulen darin rundum etwa 5 Minuten braun anbraten. Möhren, Kürbis, Schalotten und Knoblauch dazugeben und bei mittlerer Hitze etwa 3 Minuten mitbraten. Mit Mehl bestäuben und kurz andünsten. Den Thymian hinzufügen, den Wein dazugießen und einkochen lassen. 5 EL Brühe dazugießen und die Keulen ohne Deckel im Ofen auf der mittleren Schiene etwa 20 Minuten garen.

+ Inzwischen die Tomaten waschen und in grobe Würfel schneiden, die Stielansätze entfernen. Nach 20 Minuten mit der übrigen Brühe in den Bräter geben und alles im Ofen weitere 20 Minuten garen. Währenddessen die Pilze putzen, falls nötig, trocken abreiben, größere Pilze halbieren. Die Pilze in einer Pfanne im übrigen Öl bei starker Hitze etwa 2 Minuten anbraten, mit Salz und Pfeffer würzen und etwa 5 Minuten vor Garzeitende in den Bräter geben.

+ Zum Servieren die Petersilie waschen, trocken tupfen, die Blätter abzupfen und fein hacken. Das Hähnchen mit Salz und Pfeffer würzen und mit der Petersilie bestreut servieren.

Die Ernährungs-Docs

Kürbis liefert wenig Kohlenhydrate – mit Ausnahme vom Hokkaido. Den sollten Diabetiker besser links liegen lassen und in der Küche lieber zu Butternuss-, Muskat- oder Gärtnerkürbis greifen.

Putenschnitzel mit Brokkoli-Gemüse

Für 2 Personen
Zubereitungszeit: 35 Minuten

2 Putenschnitzel (à ca. 180 g)
Salz, Pfeffer aus der Mühle
500 g Brokkoli
1 rote Zwiebel
200 g Cocktailtomaten
75 g ital. Hartkäse
(z.B. Grana Padano)
2 Eier
2 EL Kochsahne (15 % Fett)
2 EL Olivenöl

Nährwerte pro Portion: 500 kcal, 38 g EW, 33 g F, 10 g KH, 7 g BST, 1 BE

+ Die Putenschnitzel waschen, trocken tupfen, jeweils quer halbieren und mit einem Plattierer flach klopfen. Das Fleisch mit Salz und Pfeffer würzen.

+ Den Brokkoli waschen, putzen und in Röschen teilen, die Stiele schälen und in etwa 1 cm große Würfel schneiden. Beides in kochendem Salzwasser etwa 3 Minuten blanchieren, in ein Sieb abgießen, kalt abschrecken und gut abtropfen lassen. Die Zwiebel schälen und in feine Würfel schneiden. Die Tomaten waschen und halbieren. Den Käse fein reiben. Die Eier, 50 g Käse und die Sahne in einem tiefen Teller verquirlen.

+ In einer beschichteten Pfanne 1 ½ EL Öl erhitzen. Die Fleischstücke nacheinander durch die Eiermischung ziehen und in der Pfanne bei mittlerer Hitze auf jeder Seite 2 bis 3 Minuten goldbraun braten. Herausnehmen und auf Küchenpapier kurz abtropfen lassen.

+ Gleichzeitig das übrige Öl in einer zweiten Pfanne erhitzen und die Zwiebel darin bei mittlerer Hitze andünsten. Den Brokkoli dazugeben und etwa 2 Minuten mitdünsten, mit Salz und Pfeffer würzen. Die Tomaten untermischen und 3 Minuten mitgaren. Das Gemüse mit dem Fleisch anrichten und mit dem übrigen Käse bestreut servieren.

Tipp: Vegetarier nehmen statt der Putenschnitzel einfach in dünne Scheiben geschnittenen Tofu natur.

Die Ernährungs-Docs

Genießen Sie nach Herzenslust! Putenfleisch in Ei-Käse-Kruste macht lange satt und verhindert Heißhunger, weil es wenig Kohlenhydrate hat, aber reichlich hochwertiges Eiweiß liefert. Top für den Stoffwechsel und das Immunsystem: Brokkoli steuert Vitamin C, nerven- und abwehrstärkendes Vitamin B und Ballaststoffe bei.

Fisch mit Mandelkruste und Mangoldgemüse

Für 2 Personen
Zubereitungszeit: 30 Minuten

50 g gehackte Mandeln
350 g Seelachsfilet
(aus dem Mittelstück)
Salz, Pfeffer aus der Mühle
4 TL mittelscharfer Senf
2 EL Olivenöl
1 TL Butter
1 rote Zwiebel
500 g Mangold
50 g getrocknete Tomaten (in Öl)
5 EL Gemüsebrühe
1 EL Schmand (24 % Fett)

Nährwerte pro Portion: 580 kcal, 47 g EW, 37 g F, 8 g KH, 10 g BST, 1 BE

+ Den Backofen auf 200 °C vorheizen. Die Mandeln in einen tiefen Teller geben. Das Fischfilet waschen, trocken tupfen und in etwa 3 cm breite Streifen schneiden. Mit Salz und Pfeffer würzen, rundum mit Senf bestreichen und in den Mandeln wenden. Den Fisch in eine ofenfeste Form legen. 1 EL Olivenöl mit der Butter erhitzen und über den Fisch träufeln. Den Fisch im Ofen auf der mittleren Schiene 15 bis 18 Minuten garen. Aus dem Ofen nehmen und warm halten.

+ Inzwischen die Zwiebel schälen und in feine Würfel schneiden. Mangold putzen, waschen, die Stiele keilförmig aus den Blättern schneiden und quer in ½ cm dicke Streifen schneiden. Die Blätter ebenfalls quer in Streifen schneiden. Tomaten in einem Sieb abtropfen lassen, dabei das Öl auffangen, und in feine Streifen schneiden.

+ Das übrige Olivenöl und das Tomateneinlegeöl in einem Topf erhitzen und die Zwiebel darin etwa 2 Minuten andünsten. Die Mangoldstiele dazugeben und weitere 2 Minuten dünsten. Die Brühe dazugießen und das Gemüse mit geschlossenem Deckel bei schwacher Hitze etwa 3 Minuten dünsten. Mangoldblätter, Tomaten und Schmand unterheben und mit geschlossenem Deckel 5 Minuten dünsten, mit Salz und Pfeffer würzen. Den Fisch mit Mangoldgemüse servieren.

Tipp: Statt mit Mangold können Sie das Gericht auch mit frischem oder tiefgekühltem und aufgetautem Blattspinat zubereiten.

Die Ernährungs-Docs

Knusperfisch und Mangold bringen Sie ganz leicht in Topform: Seelachs liefert wie alle fettarmen Fische relativ kleine Mengen an Omega-3-Fettsäuren, aber dafür ist er eine gute Proteinquelle. Die wertvollen Fette in den Mandeln senken zusätzlich den Cholesterinspiegel.

Lachs mit Blumenkohl-„Couscous" und Sesamsauce

Für 2 Personen
Zubereitungszeit: 35 Minuten

500 g Blumenkohl
150 g Naturjoghurt (1,5 % Fett)
1 EL Tahin (Sesammus)
Salz
2 EL Olivenöl
2 EL gehackte Walnüsse
Pfeffer aus der Mühle
2 Lachsfilets
(à ca. 160 g; mit Haut)
½ Bund Dill
2–3 TL Zitronensaft

Nährwerte pro Portion: 610 kcal, 42 g EW, 44 g F, 10 g KH, 6 g BST, 1 BE

+ Den Blumenkohl putzen, waschen und in Röschen teilen. Den Strunk großzügig schälen und in Würfel schneiden. Dann den Blumenkohl im Blitzhacker portionsweise etwa auf Reiskorngröße zerkleinern (Achtung, er soll nicht zu fein und musig werden!). Für den Dip den Joghurt mit dem Tahin verrühren und leicht salzen.

+ In einer großen Pfanne 1 EL Olivenöl erhitzen und Blumenkohl und Walnüsse darin bei mittlerer Hitze 8 bis 10 Minuten unter Wenden goldbraun rösten. Mit Salz und Pfeffer würzen und bei schwacher bis mittlerer Hitze warm halten.

+ Inzwischen den Lachs waschen, trocken tupfen, salzen und pfeffern. Das übrige Öl in einer beschichteten Pfanne erhitzen und den Lachs darin zuerst bei mittlerer Hitze auf jeder Seite 2 bis 3 Minuten anbraten, dann bei schwacher Hitze noch 3 bis 4 Minuten garen.

+ Den Dill waschen, trocken tupfen, die Spitzen abzupfen und einige zum Garnieren beiseitelegen. Den Rest fein hacken und unter den Blumenkohl mischen, mit Zitronensaft würzen. Den Blumenkohl-„Couscous" mit dem Lachs auf Tellern anrichten. Je 1 Klecks Sesamsauce daraufgeben und die übrige Sauce dazu servieren.

Die Ernährungs-Docs

Couscous, der zu Kügelchen zerriebene Weizengrieß, hat einen hohen glykämischen Index (siehe Seite 42) und ist daher weniger empfehlenswert. Die kohlenhydratarme Alternative heißt Blumenkohl. Dazu die Röschen fein hacken und bissfest dünsten. So bilden sie die perfekte Low-Carb-Beilage zum Fisch und liegen wegen ihrer feinen Zellstruktur nicht lange im Magen.

Forellen mit Gemüse vom Blech

Für 2 Personen
Zubereitungszeit: 50 Minuten
Garen: 35 Minuten

400 g Fenchel (mit Grün)
250 g Bundmöhren
(ca. ½ Bund)
250 g kleine festkochende
Kartoffeln (z.B. Drillinge)
1 TL Fenchelsamen
Salz, Pfeffer aus der Mühle
2 EL Olivenöl
2 Forellen
(à ca. 300 g; küchenfertig)
4 Knoblauchzehen
2 TL Butter
Olivenöl für das Blech

Nährwerte pro Portion: 500 kcal, 39 g EW, 22 g F, 33 g KH, 9 g BST, 3 BE

+ Den Backofen auf 220 °C vorheizen. Ein Backblech fetten. Den Fenchel putzen, waschen und das zarte Grün beiseitelegen. Den Fenchel halbieren, den harten Strunk entfernen und die Hälften in knapp 1 cm breite Spalten schneiden. Die Möhren putzen, schälen und längs halbieren. Die Kartoffeln waschen, abtrocknen und mit Schale je nach Größe halbieren oder vierteln.

+ Fenchel, Möhren und Kartoffeln auf dem Blech verteilen. Die Fenchelsamen in einem Mörser zerstoßen. Das Gemüse mit Fenchelsamen, Salz und Pfeffer würzen und mit dem Olivenöl beträufeln. Im Ofen auf der mittleren Schiene etwa 15 Minuten garen.

+ Inzwischen die Forellen innen und außen waschen, trocken tupfen und mit Salz und Pfeffer würzen. Die Knoblauchzehen schälen, in Scheiben schneiden und in die Forellen füllen. Nach 15 Minuten Garzeit die Fische auf das Gemüse legen und mit der Butter in Flöckchen belegen. Forellen und Gemüse im Ofen auf der mittleren Schiene noch etwa 20 Minuten garen. Aus dem Ofen nehmen und auf Teller verteilen, mit dem gehackten Fenchelgrün bestreut servieren.

Die Ernährungs-Docs

Als Süßwasserfisch enthält die Forelle zwar weniger Omega-3-Fettsäuren als Meeresfische. Dafür hat sie aber relativ wenig Fett (etwa 100 kcal/100 g) und liefert viel leicht verdauliches und hochwertiges Eiweiß, das gut verwertet werden kann: für den Aufbau von Muskelfasern und Blut, für die Bildung von Enzymen, Hormonen und Antikörpern. Außerdem macht es satt und kurbelt den Stoffwechsel an.

Asiatische Fischpäckchen

Für 2 Personen
Zubereitungszeit: 30 Minuten
Garen: 15–20 Minuten

1 kleine rote Paprikaschote
250 g kleine Champignons
3 Frühlingszwiebeln
200 g Baby-Pak-Choi
1 rote Chilischote
1 Knoblauchzehe
½ Bio-Limette
150 g Lachsfilet
150 g tiefgekühlter Bonito-Thunfisch (aufgetaut)
100 g tiefgekühlte Garnelen (roh, geschält, aufgetaut)
100 ml Kokosmilch (fettreduziert; mind. 12 % Fett)
2 EL Fischsauce (ersatzweise Sojasauce)
Salz, Pfeffer aus der Mühle
½ Bund Koriandergrün

Nährwerte pro Portion: 515 kcal, 49 g EW, 29 g F, 11 g KH, 7 g BST, 1 BE

+ Den Backofen auf 200 °C vorheizen. Die Paprika längs vierteln, entkernen, waschen und in dünne Streifen schneiden. Die Pilze putzen, falls nötig, trocken abreiben und halbieren. Die Frühlingszwiebeln putzen, waschen und schräg in etwa 4 cm lange Stücke schneiden. Den Pak Choi putzen, waschen und längs vierteln. Die Chili längs halbieren, entkernen, waschen und in Streifen schneiden. Den Knoblauch schälen und in feine Scheibchen schneiden. Die Limette waschen, trocken reiben und in Scheiben schneiden.

+ Lachs und Thunfisch waschen, trocken tupfen und in etwa 2 cm große Stücke schneiden. Garnelen waschen und trocken tupfen. Alle vorbereiteten Zutaten in eine Schüssel geben, mit Kokosmilch und Fischsauce mischen und mit etwas Salz und Pfeffer würzen.

+ Jeweils 2 Stück Backpapier (à ca. 40 x 40 cm) übereinanderlegen und die Hälfte der Gemüse-Fisch-Mischung in die Mitte geben. Das Backpapier über der Füllung bonbonartig verschließen und an den Seiten mit Küchengarn fest zubinden. Die Päckchen im Ofen auf der mittleren Schiene 15 bis 20 Minuten garen. Inzwischen den Koriander waschen, trocken tupfen und die Blätter abzupfen. Die Fischpäckchen aus dem Ofen nehmen, auf Teller setzen, öffnen und mit dem Koriander bestreut servieren.

Die Ernährungs-Docs

Das Fischpäckchen ist ein guter Fang. Es liefert nicht nur hochwertiges Eiweiß, sondern mit fettreichem Lachs und Thunfisch auch mehrfach ungesättigte Omega-3-Fettsäuren. Diese essenziellen (lebensnotwendigen) Fettsäuren sind wichtige Bausteine unserer Zellen – vom Gehirn über Haut bis zu den Nerven. Außerdem wirken sie sich positiv auf Herz, Gefäße und Blutfettwerte aus und können die Insulinresistenz verbessern.

Blitzrezepte für abends

Auch bei den Hauptgerichten zeigen wir Ihnen ein paar Ideen, wie Sie sich und Ihren Lieben im Nu leckere und dazu blutzuckergesunde Rezepte zubereiten können. Egal, ob Vegetarier, Fleisch- oder Fischfan – hier ist für jeden etwas dabei!

Gemüse-Sprossen-Wok mit Tofu

+ Für 2 Personen: **200 g Tofu natur** etwa 1 cm groß würfeln und in Wok oder Pfanne in **1 EL Rapsöl** etwa 2 Minuten scharf anbraten. Herausnehmen. Erneut **1 EL Rapsöl** erhitzen, **300 g tiefgekühltes Asia-Gemüse** und **30 g Cashewkerne** darin unter Rühren 5 Minuten braten. **100 g Mungobohnensprossen** und Tofu unterheben, alles mit **Salz, Pfeffer** und **2–3 EL Sojasauce** würzen. Blätter von **4 Stielen Koriandergrün** abzupfen und darüberstreuen.
Nährwerte pro Portion: 420 kcal,
25 g EW, 27 g F, 16 g KH, 7 g BST, 1 BE

Gemüse-Schinken-Frittata

+ Für 2 Personen: Ofen auf 200 °C vorheizen. **300 g tiefgekühltes ital. Pfannengemüse** und **40 g Katenschinken** (in Würfeln; Kühlregal) in einer Pfanne in **1 EL Olivenöl** 5 bis 6 Minuten unter Wenden braten. **4 Eier (Größe L)** mit **100 ml Milch (1,5 % Fett)** und **2 EL geriebenem Parmesan** verrühren, salzen und pfeffern. Gemüse in einer Auflaufform mit der Eimilch begießen. Frittata im Ofen auf der mittleren Schiene 12 bis 15 Minuten stocken lassen, dann mit **Basilikum** bestreut servieren.
Nährwerte pro Portion: 380 kcal,
29 g EW, 23 g F, 14 g KH, 5 g BST, 1 BE

Bohnen-Puten-Pfanne

+ Für 2 Personen: **250 g Putenbrustfilet** klein schneiden, in einer Pfanne in **2 EL Olivenöl** 3 Minuten anbraten. **2 Knoblauchzehen** hacken, **1 rote Peperonischote** würfeln, beides kurz mitbraten. **2 TL Tomatenmark** und **125 ml Gemüsebrühe** dazugeben, alles aufkochen und zugedeckt 5 Minuten köcheln. Mit **250 g weiße Bohnen** (aus der Dose, abgetropft) aufkochen, salzen und pfeffern, mit **2 EL Petersilie** bestreuen.
Nährwerte pro Portion: 300 kcal,
33 g EW, 15 g F, 6 g KH, 2 g BST, 0,5 BE

Gemüsesuppe mit Würstchen

+ Für 2 Personen: **200 g vorwiegend festkochende Kartoffeln** würfeln. **1 Zwiebel** fein hacken und in **1 EL Olivenöl** andünsten. **300 g tiefgekühltes Suppengemüse** und Kartoffeln dazugeben, mit **½ l Gemüsebrühe** aufgießen. Aufkochen, mit geschlossenem Deckel bei mittlerer Hitze 7 bis 8 Minuten garen. Suppe pürieren, salzen und pfeffern. **2 Wiener Würstchen** in Scheiben schneiden und in der Suppe erwärmen.
Nährwerte pro Portion: 450 kcal,
16 g EW, 28 g F, 28 g KH, 8 g BST, 2 BE

Seelachsfilet mit Brokkoli-Pesto-Püree

+ Für 2 Personen: **400 g tiefgekühlten Brokkoli** in kochendem Salzwasser etwa 5 Minuten blanchieren. In ein Sieb abgießen, abtropfen lassen und mit **1 EL Basilikum-Pesto** stückig pürieren. Inzwischen **2 Seelachsfilets (à ca. 150 g)** salzen und pfeffern. In einer Pfanne **2 EL Olivenöl** erhitzen, **1 Rosmarinzweig** dazugeben und die Fischfilets darin auf jeder Seite etwa 6 Minuten anbraten. Mit dem Brokkolipüree servieren.
Nährwerte pro Portion: 360 kcal,
38 g EW, 19 g F, 6 g KH, 7 g BST, 0,5 BE

SÜSSES

Die gute Nachricht zum Schluss: Auf Desserts und Gebäck müssen Sie nicht verzichten! Denn mit viel frischem Obst und eiweißreichen Produkten wie Joghurt, Quark oder Ricotta geht Süßes auch mit Low Carb. Dadurch wird weniger Insulin gelockt, und Heißhungerattacken bleiben aus. Das beweisen wir auf den nächsten Seiten!

Buttermilch-Panna-cotta mit Mango

Für 4 Personen
Zubereitungszeit: 20 Minuten
Kühlen: 4 Stunden

6 Blatt weiße Gelatine
1 Vanilleschote
125 g Sahne
40 g Rohrohrzucker
400 ml Buttermilch
1 kleine reife Mango (ca. 300 g)
2 EL Limettensaft
¼ TL Zimtpulver
2 Stiele Minze

Nährwerte pro Portion: 220 kcal, 6 g EW, 11 g F, 23 g KH, 1 g BST, 2 BE

+ Die Gelatine in kaltem Wasser einweichen. Die Vanilleschote längs aufschneiden und das Mark herauskratzen. Die Sahne mit dem Zucker, Vanillemark und -schote in einem Topf unter Rühren einmal aufkochen, dann bei schwacher Hitze etwa 5 Minuten ziehen lassen. Vom Herd nehmen und die Vanilleschote entfernen.

+ Die Gelatine ausdrücken und in der heißen Vanillesahne auflösen, die Buttermilch unterrühren. Die Mischung in 4 Gläser oder kleine Dessertförmchen (à ca. 150 ml) verteilen und im Kühlschrank mindestens 4 Stunden abkühlen lassen.

+ Zum Servieren die Mango schälen und das Fruchtfleisch auf den flachen Seiten vom Stein schneiden. Ein Drittel des Mangofruchtfleischs in kleine Würfel schneiden und beiseitelegen. Das restliche Mangofruchtfleisch grob zerkleinern und mit Limettensaft und Zimt in einem hohen Rührbecher fein pürieren. Die Mangowürfel unterheben. Die Minze waschen, trocken tupfen und die Blätter abzupfen. Das Mangopüree auf den Gläsern verteilen und mit Minze garnieren.

Tipp: Veganer ersetzen die Buttermilch durch Soja-Drink mit Vanille und die Sahne durch Soja-Kochcreme. Statt mit Gelatine die Panna-cotta dann mit 4 g Agar-Agar nach Packungsanweisung binden.

Die Ernährungs-Docs

Mangos liefern über 20 Vitamine und Mineralstoffe und noch dazu jede Menge Ballaststoffe. Dadurch geht die enthaltene Glukose nicht gar so schnell ins Blut - und in diesem Dessert bremst eine ordentliche Portion Eiweiß den Blutzuckeranstieg noch zusätzlich. Allerdings enthält die süße Tropenfrucht auch relativ viel Fruchtzucker: Fruktose wird zwar insulinunabhängig verstoffwechselt, aber in der Leber teils in Fett umgewandelt. Das ist vor allem für Menschen, die zur Fettleber neigen, nicht optimal. Fazit: Am besten genießt man Mango nur in kleinen Mengen.

Feigen mit Schoko-Ricotta-Creme

Für 2 Personen
Zubereitung: 15 Minuten

125 g Ricotta
2 TL flüssiger Honig
2 EL Kakao-Nibs (ca. 25 g)
1 Msp. Zimtpulver
4 große reife Feigen
4 EL frisch gepresster Orangensaft
einige Minzeblätter zum Garnieren

Nährwerte pro Portion: 230 kcal, 12 g EW, 8 g F, 25 g KH, 6 g BST, 2 BE

+ Den Ricotta mit dem Honig gründlich verrühren. 1½ EL Kakao-Nibs und Zimtpulver untermischen und die Mischung etwa 10 Minuten kühl stellen.

+ Inzwischen die Feigen waschen, vorsichtig trocken tupfen, den Stiel entfernen. Die Feigen quer in dünne Scheiben schneiden, leicht überlappend auf zwei Desserttellern auslegen und mit Orangensaft beträufeln. Den Schoko-Ricotta darauf anrichten. Mit den übrigen Kakao-Nibs bestreuen und mit den Minzeblättern garniert servieren (im Bild unten).

Tipp: Minzfrisch, blitzschnell fertig und ein für Diabetiker wunderbar geeignetes Dessert: Frische Feigen schmecken nicht nur gut, sie enthalten auch mehr Ballaststoffe als andere Früchte, sättigen lange und regulieren den Blutzuckerspiegel. Zudem gehören sie zu den besten Quellen für Kalzium, das für die Knochendichte wichtig ist.

Himbeer-Quark-Speise

Für 2 Personen
Zubereitungszeit: 20 Minuten

25 g Mandeln, 200 g Himbeeren
1 EL Vanille-Rohrzucker
200 g Magerquark
100 g griech. Joghurt (10 % Fett)
1 EL Rohrohrzucker

Nährwerte pro Portion: 300 kcal, 17 g EW, 14 g F, 21 g KH, 6 g BST, 2 BE

+ Die Mandeln hacken und in einer Pfanne ohne Fett goldbraun rösten. Vom Herd nehmen und abkühlen lassen.

+ Die Himbeeren verlesen, waschen und trocken tupfen. 50 g Himbeeren beiseitelegen, die übrigen Himbeeren mit dem Vanillezucker mit einer Gabel zerdrücken. Quark und Joghurt mit dem Rohrzucker verrühren und die Himbeeren locker unterheben.

+ Die Quarkmasse und zwei Drittel der gerösteten Mandeln auf Schalen verteilen. Mit den übrigen Himbeeren und den restlichen Mandeln garnieren (im Bild oben).

Frozen-Kirsch-Joghurt

Für 4 Personen
Zubereitungszeit: 25 Minuten

300 g tiefgekühlte Sauerkirschen
150 g griech. Joghurt (10 % Fett)
2 EL Orangensaft
2 EL Rohrohrzucker
1 EL Kakao-Nibs
(siehe Seite 66)

Nährwerte pro Portion: 120 kcal, 3 g EW, 5 g F, 15 g KH, 2 g BST, 1 BE

+ Die Kirschen in einen hohen Rührbecher oder den Mixbehälter geben und etwa 15 Minuten antauen lassen.

+ Den Joghurt mit dem Orangensaft und Zucker verrühren, zu den Kirschen geben und alles mit dem Stabmixer oder in der Küchenmaschine pürieren, bis eine cremige Eismasse entstanden ist.

+ Den Frozen Joghurt am besten sofort in eisgekühlten Schalen servieren und mit den Kakao-Nibs bestreuen (im Bild oben). (Alternativ die Masse in einer gefrierbeständigen Form 2 Stunden einfrieren.)

Tipp: Statt mit Sauerkirschen können Sie das Eis auch mit anderen reifen, diabetikergeeigneten Früchten zubereiten – wie mit Aprikosen, Pfirsichen, Himbeeren, Erdbeeren oder anderen Sommerbeeren.

Bananen-Kokos-Eis

Für 4 Personen
Zubereitungszeit: 20 Minuten
Gefrieren: 40 Minuten

3 Bananen (à ca. 150 g)
1 Bio-Limette
200 ml Kokosmilch
(fettreduziert; mind. 12 % Fett)
1 EL Rohrohrzucker
1 EL Kokosraspel

Nährwerte pro Portion: 160 kcal, 1 g EW, 8 g F, 19 g KH, 2 g BST, 2 BE

+ Die Bananen halbieren und eine Hälfte beiseitelegen. Die übrigen Bananen schälen und in Scheiben schneiden. Die Limette heiß waschen, trocken reiben, die Schale fein abreiben und 1 EL Limettensaft auspressen.

+ Limettenschale und -saft mit Kokosmilch und Zucker zu den Bananenscheiben geben und im Mixer oder in einem hohen Rührbecher mit dem Stabmixer fein pürieren. Die Masse in der Eismaschine 30 bis 40 Minuten cremig gefrieren lassen.

+ Zum Servieren die Bananenmasse in Schalen verteilen. Die beiseitegelegte Bananenhälfte schälen und in Scheiben schneiden. Das Eis mit den Bananenscheiben garnieren und mit Kokosraspeln bestreut servieren (im Bild unten).

Mohnküchlein mit Zwetschgenmus

Für 2 Personen
Zubereitungszeit: 30 Minuten

300 g Zwetschgen
1 EL Zitronensaft
½ Zimtstange
2 TL Rohrohrzucker
1 Ei
Salz
75 g gemahlene Mandeln
1 EL gemahlener Mohn
½ TL Weinsteinbackpulver
5 EL Milch (1,5 % Fett)
2 TL natives Kokosöl
150 g Naturjoghurt (1,5 % Fett)

Nährwerte pro Portion: 500 kcal, 19 g EW, 33 g F, 25 g KH, 9 g BST, 2 BE

+ Die Zwetschgen waschen, halbieren und entkernen. Mit Zitronensaft, 5 EL Wasser, Zimtstange und 1 TL Zucker in einem Topf aufkochen und bei schwacher bis mittlerer Hitze etwa 5 Minuten köcheln lassen. Vom Herd nehmen und lauwarm abkühlen.

+ Das Ei trennen. Das Eiweiß mit 1 Prise Salz steif schlagen, den übrigen Zucker dazugeben und etwa ½ Minute weiterrühren. Die Mandeln mit Mohn und Backpulver mischen und mit Eigelb und Milch zu einem glatten Teig verrühren. Den Eischnee unterheben.

+ Das Kokosöl in einer beschichteten Pfanne erhitzen. Den Teig esslöffelweise in 6 Portionen in die Pfanne geben und die Küchlein bei mittlerer Hitze auf jeder Seite 2 bis 3 Minuten goldbraun braten.

+ Inzwischen die Zimtstange aus dem Zwetschgenmus entfernen und die Zwetschgen im Topf mit dem Stabmixer pürieren. Die Küchlein mit dem Zwetschgenmus und dem Joghurt servieren.

Tipp: Statt der Zwetschgen können Sie für das Mus auch anderes Steinobst wie Aprikosen oder Bergpfirsiche verwenden.

Die Ernährungs-Docs

Bei den Pfannküchlein wird das sonst übliche Weizenmehl komplett durch gemahlene Mandeln ersetzt – dieses macht sie besonders fluffig und saftig. Das liegt an dem hohen Anteil von über 50 Prozent Fett – und dieses ist besonders wertvoll, weil es reich an lebensnotwendigen (essenziellen) Fettsäuren ist. Außerdem liefern die Mandeln die Vitamine A, E und der B-Gruppe und die Mineralstoffe Kalzium, Magnesium, Eisen und Phosphor. Kurzum: Wer ab und zu mit Mandeln bäckt oder kocht, tut für sein Nervensystem, seine Sehkraft und auch die Verdauungsorgane nur Gutes.

Schoko-Erdbeer-Cheesecake

Für 1 Springform
(24 cm Durchmesser, 12 Stücke)
Zubereitung: 45 Minuten
Kühlen: 12 Stunden oder
über Nacht

60 g Bitterschokolade
(mind. 70 % Kakaoanteil)
75 g Butter
150 g Mandelmehl
(siehe Tipp Seite 100)
6 Blatt Gelatine
2 Bio-Zitronen
600 g Frischkäse (Halbfettstufe)
250 g Magerquark
75 g Birkenzucker
75 g Rohrohrzucker
2 EL Mandelblättchen
750 g Erdbeeren

Nährwerte pro Portion: 290 kcal, 14 g EW, 17 g F, 22 g KH, 3 g BST, 2 BE

+ Den Boden der Springform mit Backpapier auslegen. Die Schokolade grob hacken. Die Butter in einem Topf zerlassen und die Schokolade darin bei schwacher Hitze unter Rühren schmelzen. Die Masse mit dem Mandelmehl mischen, als Boden in die Form drücken und 30 Minuten kühl stellen.

+ Für die Füllung die Gelatine in kaltem Wasser einweichen. Die Zitronen heiß waschen und trocken reiben, 1 TL Schale fein abreiben und 8 EL Zitronensaft auspressen. Frischkäse, Quark, 6 EL Zitronensaft und die Zitronenschale mit dem Birkenzucker und 50 g Zucker mit den Quirlen des Handrührgeräts 2 Minuten verrühren.

+ Die Gelatine tropfnass in einen kleinen Topf geben und bei schwacher Hitze unter Rühren auflösen. Erst mit 2 EL Frischkäsemasse verrühren, dann nach und nach unter den übrigen Frischkäse mischen. Die Creme auf den Boden streichen, über Nacht kühl stellen.

+ Am nächsten Tag die Mandeln in einer Pfanne ohne Fett goldbraun anrösten. Vom Herd nehmen und abkühlen lassen.

+ Die Erdbeeren waschen und putzen. 200 g Erdbeeren, 2 EL Zitronensaft und übrigen Zucker in einem hohen Rührbecher mit dem Stabmixer fein pürieren. Die restlichen Erdbeeren je nach Größe halbieren oder vierteln. Die Torte vorsichtig aus der Form lösen und mit den Erdbeeren belegen. Das Erdbeerpüree mit einem Löffel darüberträufeln und den Cake mit den Mandeln bestreut servieren.

Die Ernährungs-Docs

Maßvoll naschen erlaubt! Unser Tortentraum aus dem Kühlschrank macht glücklich. Kombiniert man Obst mit eiweißreichen Produkten, wie hier Frischkäse und Quark, wird weniger Insulin ins Blut gelockt.

Rüblischnitten mit Frischkäsesahne

Für 1 Backblech (24 Stück)
Zubereitung: 40 Minuten
Backen: 50–60 Minuten

500 g Möhren
1 Bio-Zitrone
4 EL Orangensaft
100 g Dinkelmehl (Type 1050)
400 g Mandelmehl
(siehe Tipp Seite 100)
100 g gehackte Mandeln
1 Pck. Weinsteinbackpulver
6 Eier
Salz
100 g flüssiger Honig
¼ l Rapskernöl
300 g Sahne
1 TL Johannisbrotkernmehl
300 g Frischkäse (Halbfettstufe)
2 EL Birkenzucker
½ TL gemahlene Vanille

Nährwerte pro Stück: 330 kcal, 10 g EW, 28 g F, 11 g KH, 3 g BST, 1 BE

+ Den Backofen auf 180 °C vorheizen. Ein Backblech mit Backpapier auslegen. Die Möhren putzen, schälen und fein reiben. Die Zitrone heiß waschen, trocken reiben und die Schale fein abreiben, die Zitrone halbieren und 2 EL Zitronensaft auspressen. Die Möhren mit Zitronenschale und -saft sowie Orangensaft mischen.

+ Das Dinkel- und Mandelmehl mit gehackten Mandeln und Backpulver in einer Schüssel mischen. Die Eier trennen. Die Eiweiße mit 1 Prise Salz in einer zweiten Schüssel steif schlagen. Die Eigelbe, Honig und Öl nacheinander unter den Eischnee ziehen. Zuletzt die Möhren und den Mandelmix untermischen.

+ Den Teig auf dem Blech verteilen und glatt streichen. Im Ofen auf der mittleren Schiene 50 bis 60 Minuten backen. Aus dem Ofen nehmen und abkühlen lassen.

+ Inzwischen für die Frischkäsecreme die Sahne mit Johannisbrotkernmehl steif schlagen. Den Frischkäse mit Birkenzucker und Vanille glatt rühren und die Sahne unterheben, kühl stellen. Zum Servieren die Frischkäsesahne auf dem Kuchen verstreichen und mit einer Gabel wellenförmig verzieren. Den Kuchen in Stücke schneiden.

Die Ernährungs-Docs

Von dem Kuchen dürfen Sie sich beim Kaffeekränzchen ein Stück gönnen. Denn das sonst übliche Mehl wurde hier überwiegend gegen Möhren und Mandeln ausgetauscht. Ein tolles Duo: Die wertvollen Fette der Mandeln steigern die Gehirnfunktion, stärken Muskeln, Knochen und Zähne und unterstützen die Aufnahme von Beta-Carotin aus den Möhren, der Vorstufe des Haut- und Zellschutzvitamins A.

Stichwortregister

Rezeptregister nach Menüfolge

Frühstück

Kleine Gerichte

Hauptgerichte

Süßes

Rezeptregister nach Alphabet

Die Ernährungs-Docs

Dr. med. Matthias Riedl ist ärztlicher Direktor der von ihm 2008 gegründeten medicum Hamburg MVZ GmbH, die einzigartig in Europa die Diabetologie mit der Ernährungsmedizin und neun angrenzenden Facharztrichtungen ganzheitlich verbindet. Der Internist, Diabetologe und Ernährungsmediziner ist außerdem als Publizist für Fachzeitschriften und Verlage, Berater für Firmen und Krankenkassen sowie als Dozent auf internationalen Kongressen und Lehrbeauftragter zweier Universitäten tätig. Im Vorstand des Bundesverbands Deutscher Ernährungsmediziner (BDEM e. V.) engagiert er sich für die Förderung der Ernährungstherapie. 2019 erhielt er für seine Verdienste den BDEM-Therapiepreis.

Dr. med. Anne Fleck ist seit Jahren auf dem Gebiet der innovativen Ernährungs- und Präventionsmedizin tätig. Als „Gesundheits-Scout“, wie sie sich selbst sieht, betreut und berät sie Menschen und Unternehmen aus dem In- und Ausland. Vor allem die Themen Krankheitsprävention, ganzheitliche Heilung und dauerhafte Gewichtsreduktion liegen ihr am Herzen. Als Buchautorin wurde Anne Fleck 2016, 2017 und 2018 im literarischen Wettbewerb auf der Frankfurter Buchmesse (zweimal Gold-, einmal Silbermedaille) im Segment „Gesundheit“ ausgezeichnet. Sie ist Mitglied in internationalen Fachgesellschaften und engagiert sich in Vorträgen als Referentin für moderne Gesundheitsansätze.

Dr. med. Jörn Klasen ist Facharzt für innere Medizin mit Schwerpunkt Magen-, Darm- und Lebererkrankungen sowie Arzt für anthroposophische Medizin und Naturheilverfahren. Er kombiniert die konventionelle Medizin mit komplementärmedizinischen Methoden. Über 15 Jahre war er Chefarzt und zehn Jahre stellvertretender ärztlicher Direktor am Asklepios Westklinikum Hamburg. Seit 2015 ist er leitender Arzt des Zentrums für integrative Medizin am Medizinicum Hamburg (Klinikum am Stephansplatz). Er hat außerdem zahlreiche Buchbeiträge verfasst, ist Lehrbeauftragter an der Universität Hamburg, hat Lehraufträge in Athen, Sofia und Zürich und ist Diplom-Heilpädagoge.

Britta Probol arbeitet seit 2004 als freie Autorin und Lektorin für namhafte Verlage und Redaktionen, unter anderem für den Norddeutschen Rundfunk. Ratgeber- und Kulturthemen verständlich darzustellen, ist ihr Anliegen. Sie hat den Online-Auftritt der „Ernährungs-Docs" bei NDR.de mitrealisiert und konzipiert.

Franziska Pfeiffer arbeitet als freie Journalistin und Autorin für namhafte Verlage und Zeitschriftenredaktionen. Sie absolvierte nach dem Studium die Henri-Nannen-Journalistenschule in Hamburg und hat sich auf medizinische, psychologische und ernährungswissenschaftliche Themen spezialisiert.

Claudia Timmann ist gelernte Fotografin und arbeitet seit 2010 freiberuflich von Hamburg aus. Sie ist deutschlandweit für Verlage und Redaktionen tätig. Ihren besonderen Schwerpunkt legt sie auf Food- und People-Fotografie. Bei den Foodfotos für die „Ernährungs-Docs" haben sie die Foodstylisten Claudia Seifert und Pedro Torres unterstützt.

Martina Kittler, Ökotrophologin und Sportwissenschaftlerin, arbeitet seit vielen Jahren als freie Food- und Kochbuchautorin. Die Themen Gesundheit, Kochen und Ernährung liegen ihr besonders am Herzen und sie versteht es, diese mit Genussfreude in schmackhafte Rezepte umzusetzen. Sie ist für namhafte Verlage und Redaktionen tätig und hat viele Bücher und Ratgeber veröffentlicht.

Hilfreiche Adressen

Bundesverband Deutscher Ernährungsmediziner e. V.
(BDEM) – hier finden Sie Schwerpunktpraxen für Ernährungsmedizin: bdem.de.

BerufsVerband Oecotrophologie e. V.
(VDOE): Zertifizierte Ernährungsberater finden Sie unter vdoe.de.

Deutsche Diabetes-Hilfe
(diabetesDE) – unter diabetesde.org können Sie Ihren Diabetes-Pass herunterladen. Es gibt ihn in Blau für Erwachsene und in Rot für Kinder.

Bildnachweis

Jan Russok: Seite 15; Shutterstock: 11, 21, 23, 24, 25, 32, 37, 41, 43, 49, 52, 54, 55, 57 sowie Symbole im Rezeptteil Seite 60–177, Seite 3, 56 und Buchbeilage vorn und hinten; Claudia Timmann: Seite 2, 3, 60–177; Michael Wilfling: Seite 4, 5, 9, 16, 26, 38, 46,182.

ZU DEN AUTOR*INNEN

2015 war das Geburtsjahr einer bisher einzigartigen Fernsehreihe des NDR: Seither helfen die „Ernährungs-Docs“ Menschen, die an ihren Gesundheitsproblemen fast verzweifeln. Für Jörn Klasen, Anne Fleck und Matthias Riedl, allesamt erfahrene Ärzte, gilt: Essen als Medizin! Sie setzen auf moderne Ernährungsstrategien, um Symptome deutlich zu verbessern oder Krankheiten sogar zu heilen. Und beweisen an Bord ihrer Hausboot-Praxis, dass durch eine Umstellung der Gewohnheiten oft schon binnen weniger Monate erstaunliche Erfolge erzielt werden können.

Weitere Bücher der E-Docs:

- Die Ernährungs-Docs
- Diabetes heilen
- Starke Gelenke
- Gute Verdauung
- Starkes Herz
- Unsere Anti-Krebs-Strategie
- Zuckerfrei gesünder leben
- Gesund und schlank durch Intervallfasten
- Unser Anti-Bauchfett-Programm
- Gesund abnehmen mit der Darm-fit-Formel

IMPRESSUM

Hinter jedem tollen Buch steckt ein starkes Team

Projektleitung: *Kathrin Ullerich*
Texte: *Britta Probol, Franziska Pfeiffer*
Rezepte: *Martina Kittler*
Lektorat: *Kathrin Gritschneder*
Cover- und Peoplefotos: *Michael Wilfling*
Grafische Gestaltung: *Silke Schüler, Georg Feigl, Karin Miller*
Satz: *Christopher Hammond*
Fotografie: *Claudia Timmann, weitere Abbildungen: siehe Bildnachweis Seite 183*
Herstellung: *Frank Jansen*
Producing: *Jan Russok*
Druck & Bindung: *optimal media GmbH, Röbel*

In Zusammenarbeit mit und lizenziert durch
nonfictionplanet GmbH, Hamburg

7. Auflage 2024
© 2019 Edel Verlagsgruppe GmbH
Kaiserstraße 14 b
D-80801 München
ISBN: 978-3-89883-907-5

HINWEIS

Die Ratschläge in diesem Buch wurden mit größter Sorgfalt von den Autoren und Verlag erarbeitet und geprüft. Eine Garantie kann jedoch nicht übernommen werden. Ebenso ist eine Haftung der Autoren bzw. des Verlags und seiner Beauftragten für Personen-, Sach- oder Vermögensschäden ausgeschlossen. Erkrankungen mit ernstem Hintergrund gehören in ärztliche Behandlung! Bei bereits bestehenden Beschwerden kann das Buch daher keinen fachärztlichen Rat ersetzen.

LIEBE LESERINNEN, LIEBE LESER

wie schön, dass Sie ein Buch von ZS in den Händen halten. „jetzt leben!“ ist das Motto unseres Verlages. Es steht für Genuss und Inspiration, Unterstützung und Motivation. Ob Kulinarik oder Fitness, Gesundheit oder Lebenshilfe – seit über 30 Jahren bieten wir kompetente Ratgeber für (fast) alle Lebenslagen. Wir lieben Tradition genauso wie Innovation – sie treiben uns an. Unsere Autorinnen und Autoren sind Menschen, die zu ihrem Thema wirklich etwas zu sagen und zu schreiben haben. Unsere Produkte sind erzählerisch, appetitmachend und als gedruckte Bücher haptisch echte Erlebnisse. Für Sie mit ganz viel Liebe gemacht! Entdecken Sie mehr aus unserer wunderbaren Welt!

UNSER VERLAGSHAUS

Mit Standorten in Hamburg und München zählt die Edel Verlagsgruppe zu den größten unabhängigen Buchanbietern Deutschlands. Zur Gruppe gehören die Verlage Dr. Oetker Verlag, Edel Sports, KARIBU und ZS.

ZS - Ein Verlag der Edel Verlagsgruppe
www.zsverlag.de
www.facebook.com/zsverlag
www.instagram.com/zsverlag

FÜR DIE UMWELT

ZS unterstützt bei der Produktion dieses Buches das Projekt „Junge Riesen für die nächsten 100 Jahre“ im Naturpark Nossentiner/Schwinzer Heide. Damit wird ein Anteil der unvermeidbaren CO_2-Emissionen im direkten Umfeld des Produktionsstandortes kompensiert.

PARTNER Naturpark Nossentiner / Schwinzer Heide
www.optimal-media.com/naturschutzprojekt-001

NEWSLETTER

Was koche ich heute Feines? Und wie geht das – schmackhaft und gesund?

Melden Sie sich jetzt zum ZS-Genuss-Service an und verpassen Sie keine kulinarischen und gesundheitlichen Trends mehr.
Wir informieren Sie regelmäßig über unsere Neuerscheinungen, Aktionen oder Gewinnspiele und verraten Ihnen unsere Lieblingsrezepte!

GEWINNEN

Unter allen Neuabonnierenden verlosen wir jeden Monat eine *ZS-Genuss-Box* im Wert von 75,00 €.

Jetzt anmelden unter:
www.zsverlag.de/newsletter
oder den QR Code scannen:

ANMELDEN!